PASTAKÜCHE

Mit Original-Rezepten aus Italien

PASTAKÜCHE

Mit Original-Rezepten aus Italien

Sarah Maxwell

BELLAVISTA

A QUANTUM BOOK

ISBN 3-89893-166-8

Dieses Buch wurde produziert von
Quantum Publishing Ltd
6 Blundell Street
London N7 9BH

Titel der englischen Originalausgabe: The Vegetarian Pasta Cookbook

Übersetzung aus dem Englischen:
Birgit Lamerz-Beckschäfer, Datteln

Printed in Singapore by
Star Standard Industries (Pte) Ltd

Für Paul und Oliver und mit besonderem Dank an meine Mutter Jenny

Inhalt

Einleitung

Dieses Kochbuch bietet Ihnen völlig neue, ebenso schmackhafte wie interessante Rezepte, von denen sich manche einfach nachkochen lassen, während andere etwas aufwendiger sind und sich deshalb eher für besondere Gelegenheiten eignen.

Die Kapitel sind nach den Hauptzutaten unterteilt, weil dies übersichtlicher ist und Sie, wenn Sie beispielsweise Nudeln mit Tomaten kochen wollen, lediglich das Kapitel »Pasta mit Tomaten« aufzuschlagen brauchen, um eine Palette von Variationen zu finden. Es gibt in jedem Kapitel Rezepte für alle Gelegenheiten – für ein Alltags-Abendessen ebenso wie für ein elegantes Menü mit Gästen. Wagen Sie es also einfach: Kochen Sie eine Handvoll Nudeln und machen Sie daraus ein rundum leckeres vegetarisches Festessen.

Noch ein Wort zum letzten Kapitel »Pasta-Desserts«: Zögern Sie nicht, sondern probieren Sie es einfach aus. Ich versichere Ihnen: Sie und Ihre Gäste werden angenehm überrascht sein!

UNTEN: *Drei Sorten frische Nudeln, fertig verpackt*

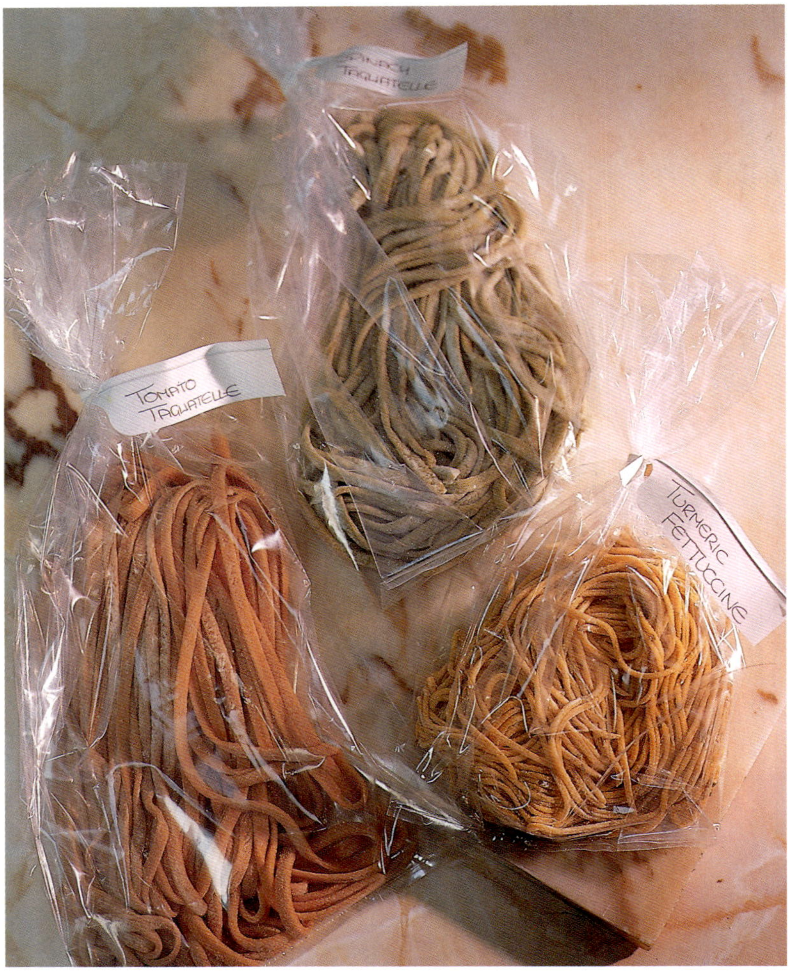

Vegetarische Küche

Dieses Buch richtet sich zwar überwiegend an Ovo-lacto-Vegetarier, doch sind auch einige wenige vegane Rezepte enthalten.

Im Handel finden sich zunehmend auf rein pflanzlicher Basis hergestellte vegetarische Käse. Wenn der in den Rezepten im einzelnen angegebene Käse nicht als milchfreie Sorte zu bekommen ist, nehmen Sie einfach eine andere.

Achten Sie bei gefärbten Teigwaren darauf, daß sie ausdrücklich für Vegetarier geeignet sind. Schwarze Nudeln beispielsweise werden mit Kalmar-Tinte gefärbt.

NUDELN

Nudeln gehören zu den ältesten kulinarischen Erfindungen. Schon vor über 3 000 Jahren wurden sie von den Griechen in Manuskripten als eines ihrer Grundnahrungsmittel erwähnt. Doch nicht nur in Griechenland und Italien hat die Nudelherstellung eine lange Geschichte, sondern auch in Spanien, Israel und sogar Rußland.

Teigwaren (ital. »pasta« = Teig) werden in der Regel aus Weich- oder Hartweizengrieß mit Wasser und/oder Öl und gelegentlich auch Eiern hergestellt. Der Teig wird geknetet und ausgerollt oder industriell zu einer Vielzahl von Formen gepreßt.

Auch frische Nudeln werden heute immer häufiger in verschiedenen Sorten angeboten, und zwar nicht mehr nur in Delikatessengeschäften (wo sie meist hausgemacht sind), sondern oft auch in größeren Supermärkten, abgepackt in der Kühltheke.

OBEN: *Eine Nudelmaschine mit verschiedenen Aufsätzen für gefüllte Teigtaschen*

Ernährungsgesichtspunkte

Im Gegensatz zur allgemein verbreiteten Meinung sind Nudeln keineswegs Dickmacher. Sie enthalten B-Vitamine und Mineralien wie Kalium und Eisen. Die komplexen Kohlenhydrate, aus denen Nudeln bestehen, sind gute Energielieferanten, da sie durch die nur allmähliche Aufspaltung der Kohlenhydrate eine kontinuierliche Versorgung des Körpers mit Energie gewährleisten.

Was kann man kombinieren?

Welche Nudelform man zu welcher Sauce wählt, ist reine Geschmackssache. Vielleicht mögen Sie gern kleine Gnocchi zu einer würzigen Tomatensauce, oder lieber Tagliatelle oder Linguine zu einer Sahnesauce, die jede einzelne Nudel samtig überzieht, so daß sich Geschmack und »Biß« innig verbinden.

Bei den Namen für bestimmte Nudelformen herrscht bis heute große Verwirrung. Am einfachsten macht man sich die Sache, wenn man im Geschäft oder im Restaurant die gewünschte Form beschreibt, bevor man dann doch etwas ganz anderes vorgesetzt bekommt.

RECHTS: *Frisch zubereitete Farfalle (Schmetterlingsnudeln)*

Nudelteig

Sie finden hier das Grundrezept, auf das im Buch immer wieder Bezug genommen wird. Der Teig kann bis zu zwei Tage im voraus hergestellt und luftdicht verschlossen im Kühlschrank aufbewahrt werden. Erwärmen Sie den Teig auf Zimmertemperatur, bevor Sie ihn ausrollen.

Wenn Sie Nudeln einfrieren möchten, sollten Sie den Teig zunächst ausrollen und in die gewünschte Form schneiden. Schütten Sie die gefrorenen Nudeln direkt ins kochende Wasser; gefüllte Nudeln brauchen ein wenig länger.

ERGIBT ETWA 550 G TEIG

350 g Mehl, Type 550
1 EL Salz
4 EL Sonnenblumenöl
1 EL Wasser
3 Eier

1

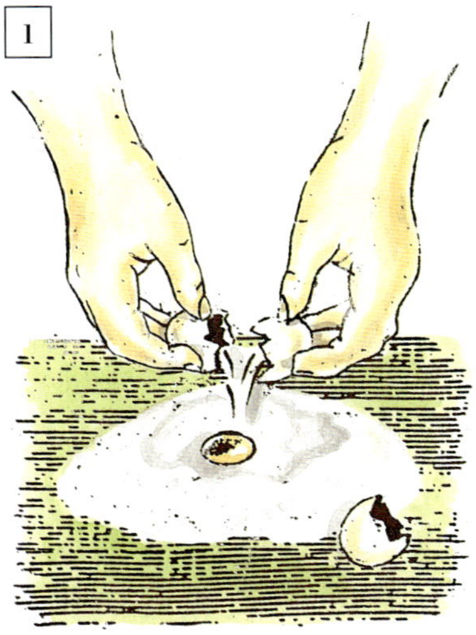

Mehl und Salz in einer Schüssel mischen. In die Mitte eine Vertiefung drücken. Öl und Wasser in einer zweiten Schale gründlich verquirlen. Die Eier in die Vertiefung schlagen und vorsichtig die Öl-Wasser-Mischung angießen. Zu einem glatten Teig kneten.

2

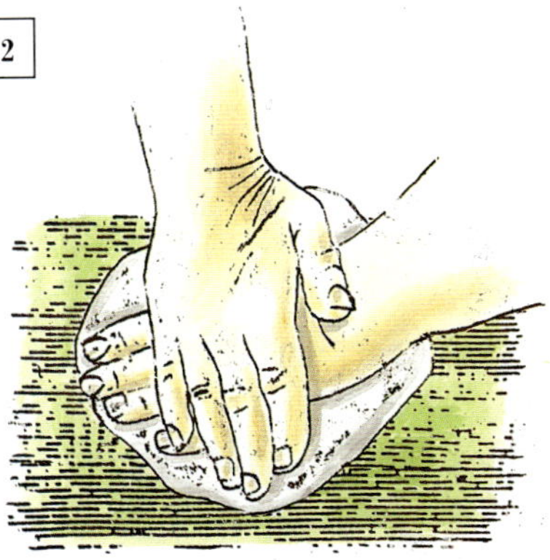

Den Teig auf eine bemehlte Arbeitsfläche geben und etwa 5 Minuten lang kneten, dabei gegebenenfalls noch etwas Mehl einarbeiten, sollte der Teig zu klebrig sein.

Den Teig in einer Plastiktüte oder in Folie frischhalten. Bei Zimmertemperatur mindestens 30 Minuten ruhen lassen.

3

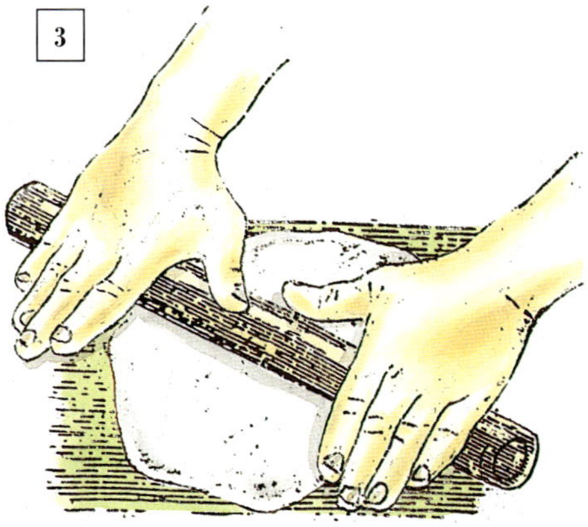

Den Teig ausrollen und in die gewünschte Form schneiden.

TIPS FÜR PERFEKT GEKOCHTE NUDELN

- Wählen Sie immer Qualitätsnudeln.
- Der Topf sollte so groß sein, daß die Nudeln ganz mit Wasser bedeckt sind und immer noch mindestens ein Drittel des Topfes frei bleibt.
- Erst das Wasser mit etwas Salz zum Kochen bringen. Dann die Nudeln hineinschütten und nur noch köcheln lassen.
- Ein Schuß Öl im Kochwasser verhindert, daß die Nudeln zusammenkleben.
- Kochen Sie die Nudeln al dente, also bißfest.
- Um den Garprozeß abzubrechen, die Nudeln in ein Sieb schütten und kurz unter fließendem kalten Wasser abschrecken.

GRUNDSAUCEN

Diese Grundsaucen werden in zahlreichen Rezepten in diesem Buch eingesetzt. Sie können sie natürlich auch »solo« über Ihre Lieblingsnudeln gießen oder zum Mischen verwenden. Man kann sie zwei Tage im voraus zubereiten und zugedeckt im Kühlschrank aufbewahren. Bei Bedarf einfach aufwärmen.

Käsesauce

Diese Sauce hält sich zugedeckt im Kühlschrank bis zu einer Woche. Für Lasagne, Aufläufe, zum Übergießen und Füllen.

ERGIBT ETWA 600 ML

- 25 g Butter oder Margarine
- 25 g Mehl
- 600 ml warme Milch
- 1 TL Dijon-Senf
- 100 g geriebener reifer Cheddar
- Salz und schwarzer Pfeffer, frisch gemahlen

Das Fett in einem mittelgroßen Topf zerlassen und das Mehl einrühren. 30 Sekunden lang anschwitzen, dann vom Herd nehmen.

Die Milch nach und nach angießen und gut verquirlen, damit sich keine Klümpchen bilden. Die Sauce nochmals erwärmen, unter ständigem Rühren andicken und aufkochen.

Senf und Käse dazugeben und mit Salz und frisch gemahlenem schwarzen Pfeffer abschmecken. Weiterkochen, bis der Käse geschmolzen ist, dabei ständig umrühren.

VARIANTEN

PILZSAUCE: Rühren Sie anstelle von Senf und Käse 200 g gehackte Zuchtchampignons in die Sauce. Pilze zuvor in etwas Olivenöl mit einer zerdrückten Knoblauchzehe und einer Prise getrocknetem Thymian anbraten.

TOMATENSAUCE: Senf und Käse durch 3 EL Tomatenmark ersetzen.

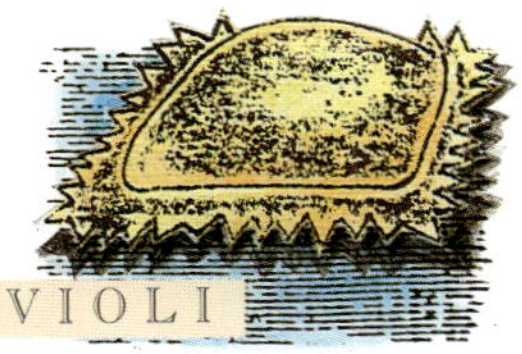

RAVIOLI

Pesto

Diese traditionsreiche italienische Sauce sollten Sie nur sparsam einsetzen, denn ihr Aroma ist sehr dominierend. Sie schmeckt delikat zu frischen Nudeln, kann aber auch Bestandteil anderer Saucen und Gerichte sein. Der Pesto kann nach Belieben glattpüriert werden.

ERGIBT 4–6 PORTIONEN

2 Knoblauchzehen, zerdrückt

8 EL frisches Basilikum, gehackt

2 EL frische Petersilie, gehackt

50 g Pinienkerne

75 g frisch geriebener Parmesan

150 ml feinstes kaltgepreßtes Olivenöl

Salz und schwarzer Pfeffer, frisch gemahlen

Alle Zutaten mit Küchenmaschine oder Pürierstab zerkleinern und vermengen, bis der Pesto die gewünschte Konsistenz hat.

Die Sauce unter frisch gekochte, gebutterte Nudeln heben. Sofort servieren; geriebenen Parmesan dazu reichen.

TIP

Wenn Sie es lieber traditioneller mögen, dann zerreiben Sie alle Zutaten auf einmal mit einem Stößel im Mörser, bis die gewünschte Konsistenz erreicht ist.

Sahnesauce

Diese Sauce ist ein wundervoller Begleiter für alle Gelegenheiten. Am besten schmeckt sie zu Spaghetti oder als Basis für ein elegantes Gericht mit weiteren Zutaten.

ERGIBT 4 PORTIONEN

2 Knoblauchzehen, zerdrückt

3 EL frische Petersilie, gehackt

250 ml Sahne

Salz und schwarzer Pfeffer, frisch gemahlen

Alle Zutaten in einen mittelgroßen Topf geben und bei geringer Hitze 5–8 Minuten kochen, dabei gelegentlich umrühren.

SERVIERVORSCHLAG

Heben Sie die Sahnesauce unter die frisch gekochten grünen Tagliatelle. Mit reichlich frisch geriebenem Parmesan bestreut sofort servieren.

1 **Pasta** *mit Pilzen*

Nudelauflauf mit Pilzen und Nüssen

Die meisten Nudelformen eignen sich als Belag für diesen Auflauf. Experimentieren Sie einmal mit Spaghetti oder Tagliatelle anstelle der Penne.

ERGIBT 4 PORTIONEN

- 200 g Penne (Röhrennudeln)
- ein Schuß plus 2 EL Olivenöl
- 25 g Butter
- 1 Zwiebel, gehackt
- 1 Knoblauchzehe, zerdrückt
- 2 TL getrockneter Oregano
- 250 g Cremechampignons, blättrig geschnitten
- 400 g Dosentomaten, gehackt
- 25 g Tomatenmark
- 50 g grüne Oliven mit Paprikafüllung, in Scheiben geschnitten
- 75 g Cashew-Nüsse, geröstet
- Salz und schwarzer Pfeffer, frisch gemahlen
- 100 g reifer Cheddar, gerieben

Salzwasser in einem großen Topf aufkochen und die Penne mit einem Schuß Olivenöl hineingeben. In etwa 10 Minuten die Nudeln bißfest kochen, dabei gelegentlich umrühren. Abgießen, zurück in den Topf geben und mit der Butter vermengen, bis diese geschmolzen ist. Zugedeckt beiseite stellen.

Den Backofen auf 200 °C vorheizen. Das restliche Öl in einer Pfanne erhitzen und Zwiebel, Knoblauch und Oregano darin etwa 3 Minuten braten, bis die Zwiebel glasig ist.

Die Pilze hinzugeben und 5 Minuten braten, dabei gelegentlich umrühren. Die gehackten Tomaten und das Tomatenmark unterheben. Zugedeckt etwa 10 Minuten unter gelegentlichem Rühren köcheln lassen.

Die Olivenscheiben und Cashew-Nüsse dazugeben und mit Salz und Pfeffer würzen. Noch einmal 2–3 Minuten weiterbraten, dann die Mischung in eine flache feuerfeste Form füllen. Die Butternudeln darauf verteilen und mit dem geriebenen Käse bestreuen. 20 Minuten backen, bis der Auflauf goldbraun und knusprig ist.

Nudelsalat mit Kräutern und Pilzen

Hierzu eignet sich jede kleinere Nudelform. Der Salat kann als sättigendes Hauptgericht oder als Beilage serviert werden.

ERGIBT 4–8 PORTIONEN

500 g Nudeln

ein Schuß Olivenöl

250 g Cremechampignons, geviertelt

1 rote Paprikaschote, entkernt und in 1 cm große Würfel geschnitten

1 gelbe Paprikaschote, entkernt und in 1 cm große Würfel geschnitten

100 g entsteinte schwarze Oliven

4 EL frisches Basilikum, gehackt

2 EL frische Petersilie, gehackt

FÜR DIE SALATSAUCE:

2 TL Rotweinessig

1 TL Salz

schwarzer Pfeffer, frisch gemahlen

4 EL kaltgepreßtes Olivenöl

1 Knoblauchzehe, zerdrückt

1–2 TL Dijon-Senf

Salzwasser in einem großen Topf zum Kochen bringen und die Nudeln mit einem Schuß Olivenöl hineinschütten. In etwa 10 Minuten die Nudeln bißfest kochen, dabei gelegentlich umrühren. Abgießen, mit kaltem Wasser abschrecken und gründlich abtropfen lassen.

Die gekochten Nudeln in eine große Salatschüssel geben und mit den übrigen Salatzutaten gut vermengen.

Sämtliche Zutaten für die Salatsauce in ein Schraubdeckelglas geben und kräftig schütteln. Über den Salat schütten und gut vermengen.

Zugedeckt etwa 30 Minuten kaltstellen. Vor dem Servieren nochmals durchrühren.

Steinpilzessenz

Diese Suppe ist das Richtige für einen besonderen Anlaß. Der intensive Pilzgeschmack und das zarte Gemüse bilden einen außerordentlich feinen Kontrast.

ERGIBT 4 PORTIONEN

- 25 g getrocknete Steinpilze
- 600 ml warmes Wasser
- 1 Stange Lauch
- 1 Möhre
- 75 g Conchigliette (kleine Muschelnudeln), gekocht
- Salz und schwarzer Pfeffer, frisch gemahlen
- glatte Petersilie zum Garnieren

Die Steinpilze etwa 30 Minuten in warmem Wasser einweichen. Abgießen, die Flüssigkeit jedoch in einem Topf auffangen.

Die Pilze blättrig schneiden, Lauch und Möhre in Stifte schneiden. Das Gemüse in der Pilzessenz etwa 10 Minuten garen. Die vorgekochten Nudeln hineingeben und mit Salz und frisch gemahlenem schwarzen Pfeffer abschmecken. Eine Minute kochen lassen, dann mit Petersilienblättchen garniert servieren.

Farfalle mit Fontina

Fontina gibt es in den meisten gut sortierten Käsegeschäften. Er verleiht diesem Gericht einen feinen Rahmgeschmack. Emmentaler ist zwar kein idealer Ersatz, aber eine akzeptable Alternative, weil er leichter erhältlich ist.

ERGIBT 4 PORTIONEN

- 400 g Farfalle (Schmetterlingsnudeln)
- ein Schuß Olivenöl
- 75 g Butter
- 1 Zwiebel, feingehackt
- 3 EL frisches Basilikum, gehackt
- 250 g Cremechampignons, blättrig geschnitten
- 400 g Dosentomaten, gehackt
- 200 g Fontina, grob gerieben
- Salz und schwarzer Pfeffer, frisch gemahlen

Salzwasser in einem großen Topf zum Kochen bringen und die Nudeln zusammen mit einem Schuß Olivenöl hineinschütten. In etwa 10 Minuten die Nudeln bißfest kochen, dabei gelegentlich umrühren. Abschütten und zugedeckt warm stellen.

Die Butter in einer großen Pfanne zerlassen und darin Zwiebel und Basilikum etwa 5 Minuten anbraten, bis die Zwiebelwürfel glasig, aber nicht braun sind.

Die Pilze in die Pfanne geben und etwa 5–8 Minuten unter häufigem Rühren braun werden lassen.

Die gehackten Tomaten hinzufügen und 1–2 Minuten schmoren. Den Käse unterrühren und nach Belieben mit Salz und frisch gemahlenem schwarzen Pfeffer abschmecken. Weitere 3–4 Minuten schmoren, bis der Käse geschmolzen ist. Zu den gekochten Farfalle reichen.

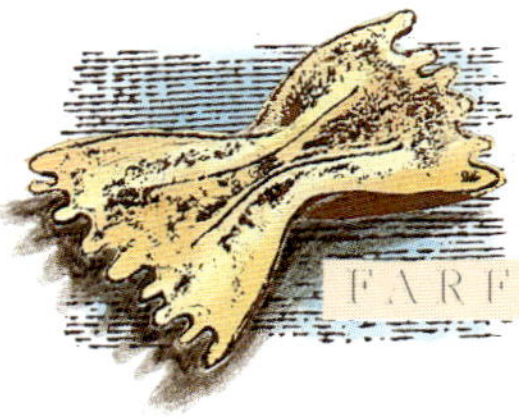

FARFALLE

Steinpilzessenz

Pilze mit Nudelfüllung

Dieses Gericht läßt sich wunderbar kalt mit einem knackigen Salat servieren, schmeckt aber auch warm als Vorspeise oder Beilage. Die Füllung kann man vorab zubereiten und erst zum Schluß in die Pilzköpfe geben.

ERGIBT 2–4 PORTIONEN

- 50 g Sternchennudeln
- ein Schuß Olivenöl
- 4 große, weit offene Cremechampignons
- 50 g Butter
- 1 Knoblauchzehe, zerdrückt
- 1/2 gelbe Paprikaschote, entkernt und fein gewürfelt
- 1/2 orangefarbene Paprikaschote, entkernt und fein gewürfelt
- 150 g Blauschimmelkäse, z.B. Stilton oder Castello, zerbröselt
- Salz und schwarzer Pfeffer, frisch gemahlen
- 2 EL frische Petersilie, gehackt

Salzwasser in einem großen Topf zum Kochen bringen und die Sternchennudeln mit einem Schuß Olivenöl darin in etwa 7 Minuten bißfest kochen. Gelegentlich umrühren. Abschütten und zugedeckt beiseite stellen.

Die Stiele der Pilze entfernen. Die Köpfe mit der Unterseite nach oben auf ein Backblech legen und beiseite stellen.

Für die Füllung die Butter in einer Pfanne zerlassen und den Knoblauch darin etwa 2 Minuten anbraten. Die Paprikawürfel hinzufügen und weitere 5–7 Minuten braten. Den zerbröselten Blauschimmelkäse hinzufügen und mit Salz und frisch gemahlenem schwarzen Pfeffer abschmecken. Petersilie und Nudeln unterheben und gut verrühren.

Alle Pilzköpfe mit der Nudelmischung füllen und das Backblech für 2–5 Minuten unter den vorgeheizten Grill schieben, bis die Füllung goldgelb wird.

Tagliatelle mit Pilzen

Als Abendessen für jede Gelegenheit im Handumdrehen zubereitet. Probieren Sie zur Abwechslung einmal Spaghetti oder Linguine.

ERGIBT 4 PORTIONEN

- 500 g Tagliatelle
- ein Schuß Olivenöl
- 25 g Butter
- 1 Knoblauchzehe, zerdrückt
- 2 EL frische Petersilie, gehackt
- 250 g Zucht- oder Cremechampignons, blättrig geschnitten
- Salz und schwarzer Pfeffer, frisch gemahlen
- 250 ml Sahne
- Parmesan, frisch gerieben (separat reichen)

Salzwasser aufkochen und die Tagliatelle zusammen mit einem Schuß Olivenöl hineinschütten. In etwa 10 Minuten die Nudeln bißfest kochen, dabei gelegentlich umrühren. Abschütten und beiseite stellen.

In der Zwischenzeit die Butter in einer großen Pfanne zerlassen und Knoblauch und Petersilie darin rund 2–3 Minuten anbraten. Die blättrig geschnittenen Pilze dazugeben und 5–8 Minuten schmoren, bis sie weich und leicht gebräunt sind.

Die Pilze mit Salz und frisch gemahlenem schwarzen Pfeffer würzen. Die Sahne einrühren, 1–2 Minuten köcheln lassen, dann die Tagliatelle unterheben. Weiterkochen, dabei ständig rühren, damit die Nudeln ganz mit der Sauce überzogen werden. Mit reichlich frisch geriebenem Parmesan servieren.

LINKE SEITE: *Pilze mit Nudelfüllung*

Fusilli mit Waldpilzen

Waldpilze, darunter auch Steinpilze, sind heute fast überall erhältlich. Sie verleihen diesem Gericht das würzige Aroma. Getrocknete Steinpilze bekommt man in Feinkostgeschäften. Sie werden vor der Verwendung mindestens 30 Minuten eingeweicht.

ERGIBT 4 PORTIONEN

- 350 g lange Fusilli
- ein Schuß plus weitere 5 EL Olivenöl
- 1 Knoblauchzehe, zerdrückt
- 2 EL frischer Thymian, gehackt
- 150 g frische Shiitake-Pilze, blättrig geschnitten
- 150 g frische Austernpilze
- 15 g getrocknete Steinpilze, eingeweicht, abgetropft und blättrig geschnitten
- Salz und schwarzer Pfeffer, frisch gemahlen
- Parmesan, frisch gerieben (separat reichen)

Salzwasser in einem großen Topf zum Kochen bringen und die Fusilli zusammen mit einem Schuß Olivenöl hineinschütten. In etwa 10 Minuten die Nudeln bißfest kochen, dabei gelegentlich umrühren. Abschütten und zugedeckt beiseite stellen.

Das Olivenöl in einer großen Pfanne erhitzen und Knoblauch sowie Thymian darin 1–2 Minuten braten, dann alle Pilze hinzufügen und mit Salz und frisch gemahlenem schwarzen Pfeffer abschmecken.

Die Pilze bei starker Hitze 3–4 Minuten anbräunen, dann in den Topf zu den Fusilli schütten, unterheben und mit etwas geriebenem Parmesan bestreut sofort servieren.

Pilzhäppchen mit Käse

Diese leckeren »Gabelbissen« sind ideal für einen Abend mit Gästen: Man kann sie im voraus zubereiten, und sie passen sehr gut zu Cocktails.

CONCHIGLIE

ERGIBT 8–10 PORTIONEN

20 Lumache rigate (große Schneckennudeln)

ein Schuß Olivenöl

3 EL frisch geriebener Parmesan

FÜR DIE FÜLLUNG:

2 EL Olivenöl

1 Knoblauchzehe, gehackt

1 kleine Zwiebel, feingehackt

3 EL frische Petersilie, gehackt

200 g Cremechampignons, sehr feingehackt

50 g entsteinte Oliven, sehr feingehackt

250 g Weichkäse, Vollfettstufe

Salz und schwarzer Pfeffer, frisch gemahlen

Salzwasser in einem großen Topf zum Kochen bringen und die Nudeln zusammen mit einem Schuß Olivenöl hineinschütten. In etwa 10 Minuten bißfest kochen, dabei gelegentlich umrühren. Abgießen und mit kaltem Wasser abschrecken. Mit Küchenpapier trockentupfen und beiseite stellen.

Für die Füllung das Öl in einer Pfanne erhitzen und Knoblauch und Zwiebel darin 3 Minuten glasig werden lassen. Vom Herd nehmen und die übrigen Zutaten einrühren.

Die Nudeln mit Hilfe zweier Teelöffel füllen und auf ein Backblech legen. Mit dem geriebenen Parmesan bestreuen und rund 5 Minuten grillen, bis sie goldgelb sind. Auf einer Servierplatte dekorativ anrichten.

Cremige Nudel-Pilz-Pastete

Dieses Gericht bietet sich für ein romantisches Essen zu zweit an. Da es sich gut vorab zubereiten läßt und vor dem Servieren nur erhitzt wird, verbringt man nicht zuviel Zeit in der Küche.

ERGIBT 2 PORTIONEN

- 450 g Blätterteig, TK-Ware aufgetaut
- Milch zum Bestreichen

FÜR DIE FÜLLUNG:

- 150 g Vollkorn-Muschelnudeln
- ein Schuß Olivenöl
- 25 g Butter
- 1 Knoblauchzehe, zerdrückt
- 150 g Champignons, blättrig geschnitten
- 75 g Mini-Maiskolben, halbiert
- 2–3 EL Mehl
- 150 g Milch
- Salz und schwarzer Pfeffer, frisch gemahlen
- 50 g reifer Cheddarkäse
- frische Petersilie, gehackt, zum Garnieren

Den Backofen auf 200 °C vorheizen. Den Blätterteig zu zwei Rechtecken von jeweils 15 cm × 10 cm ausrollen. Ein Rechteck für den Boden der Pastete beiseite stellen, aus dem anderen mit Hilfe eines Lineals und eines scharfen Messers ein inneres Rechteck ausschneiden, so daß ein 2,5 cm breiter Rahmen (der Rand der Pastetenform) übrigbleibt. Das innere Rechteck, das den Deckel bildet, mit dem Messer dekorativ einritzen. Die Ränder des Pastetenbodens mit Milch bestreichen und den Rahmen aufsetzen.

Beide Blätterteigteile auf ein Backblech legen und alle Oberflächen mit etwas Milch bepinseln. Etwa 15–20 Minuten backen, bis der Teig schön aufgegangen und goldbraun ist. Aus dem Ofen nehmen und auf einem Kuchengitter auskühlen lassen. Sollte der Boden der Pastete allzu hoch aufgegangen sein, müssen Sie ihn vorsichtig herunterdrücken, um Platz für die Füllung zu schaffen. Auf eine Servierplatte legen.

Für die Füllung Salzwasser in einem großen Topf zum Kochen bringen und die Nudeln zusammen mit einem Schuß Olivenöl hineinschütten. In etwa 10 Minuten die Nudeln bißfest kochen, dabei gelegentlich umrühren. Abschütten und beiseite stellen.

Die Butter in einem großen Topf zerlassen und Knoblauch, Pilze und Mais darin 5–8 Minuten anbraten, bis sie gar sind. Das Mehl darüberstäuben und das Ganze zu einer cremigen Masse verrühren. Nach und nach die Milch zugießen, jedesmal gut verquirlen. Die Sauce langsam zum Kochen bringen, dabei darauf achten, daß sich keine Klümpchen bilden. Mit Salz und frisch gemahlenem schwarzen Pfeffer abschmecken. Den geriebenen Käse unterziehen und weitere 2–3 Minuten erhitzen, bis der Käse geschmolzen ist.

Die Nudeln unter die Sauce heben und die Masse in die Pastetenform füllen. Mit gehackter Petersilie bestreuen, den Deckel aufsetzen und sofort servieren.

Cannelloni mit Pilzen

Die Zubereitung von Cannelloni ist zwar etwas zeitaufwendiger, die Mühe lohnt sich aber in jedem Fall. Kochen Sie ein paar Cannelloni mehr vor als tatsächlich benötigt werden, für den Fall, daß einige einreißen.

ERGIBT 4 PORTIONEN

8 Cannelloni

ein Schuß Olivenöl

Butter zum Einfetten

1 Rezept Pilzsauce (siehe Seite 9)

FÜR DIE FÜLLUNG:

2 EL Olivenöl

1 Knoblauchzehe, zerdrückt

1 Zwiebel, feingehackt

3 TL frischer Thymian, gehackt

250 g Zuchtchampignons, feingehackt

50 g frische Semmelbrösel

Salz und schwarzer Pfeffer, frisch gemahlen

Salzwasser in einem großen Topf aufkochen und die Cannelloni zusammen mit einem Schuß Olivenöl hineinschütten. In 10 Minuten die Nudeln bißfest kochen, dabei gelegentlich umrühren. Abgießen und unter kaltem Wasser abschrecken. Mit Küchenpapier trockentupfen und beiseite stellen.

Für die Füllung das Öl in einer großen Pfanne erhitzen und darin Knoblauch, Zwiebel und Thymian etwa 3 Minuten anbraten, bis die Zwiebel glasig ist.

Die gehackten Pilze dazugeben und noch 10 Minuten unter häufigem Rühren schmoren. Die Semmelbrösel hinzufügen und mit Salz und frisch gemahlenem schwarzen Pfeffer abschmecken. Gut vermischen.

Den Backofen auf 200 °C vorheizen. Eine feuerfeste Auflaufform einfetten. Die Cannelloni mit Hilfe zweier Teelöffel füllen und in die Form legen.

Die Pilzsauce gleichmäßig über den Cannelloni verteilen und 30 Minuten backen, bis die Oberfläche goldgelb und die Füllung durch und durch heiß ist.

Pilzragout Stroganoff mit Nudeln

Ein üppiges Abendessen für Gäste, zu dem Sie am besten ein Gläschen gut gekühlten trockenen Weißwein anbieten.

ERGIBT 4–6 PORTIONEN

- 50 g Butter
- 2 Knoblauchzehen, zerdrückt
- 1 Zwiebel, in feine Spalten geschnitten
- 700 g Mischpilze (Austernpilze, Cremechampignons u.a.), ganz oder halbiert
- 1–2 EL Mehl
- 150 ml Gemüsefond
- 25 ml trockener Weißwein
- Salz und schwarzer Pfeffer, frisch gemahlen
- 75 ml Schlagsahne (mind. 30 % Fett)
- 3 EL frischer Thymian, gehackt
- 2 EL Paprikapulver
- 700 g gekochte Tagliatelle, in Butter geschwenkt

Die Butter in einem großen Topf zerlassen und Knoblauch und Zwiebel darin 7 Minuten anbräunen.

Die Pilze dazugeben und 2 Minuten braten, dann das Mehl darüberstäuben und unterrühren. 30 Sekunden anschwitzen, nach und nach den Gemüsefond und schließlich den Wein angießen. Die Sauce aufkochen und mit Salz und frisch gemahlenem schwarzen Pfeffer abschmecken. Sahne, Thymian und Paprikapulver hinzufügen, weitere 2 Minuten garen, dann zu den heißen Butter-Tagliatelle servieren.

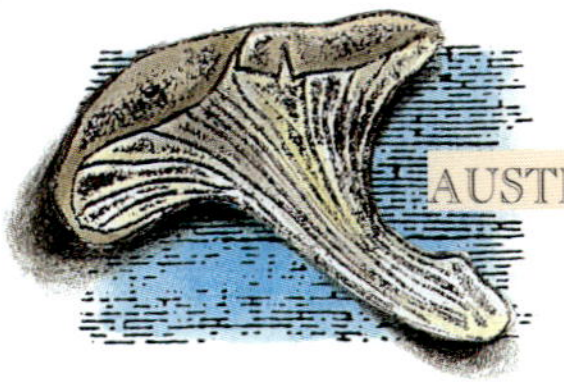
AUSTERNPILZ

Fritierte Pilztaschen

Mit Knoblauchmayonnaise (siehe Tip) als Dip serviert, ergeben sie eine evtravagante Vorspeise.

ERGIBT 4–6 PORTIONEN

- 250 g frische Lasagneblätter
- 1 Ei, verquirlt
- Sonnenblumenöl zum Fritieren

FÜR DIE FÜLLUNG:

- 250 g Weichkäse mit Kräutern und Knoblauch, Vollfettstufe
- 200 g Zuchtchampignons

Aus den frischen Lasagneblättern Kreise von etwa 8 cm Durchmesser ausstechen.

Den Weichkäse und die Pilze im Mixer zu einer grobkörnigen Masse verarbeiten. Geben Sie etwas von dieser Masse auf eine Hälfte jedes Nudelkreises. Die Kanten mit Ei bepinseln und die Kreise zusammenfalten. Die Kanten fest zusammendrücken. Die Teigtaschen auf ein Backblech legen und für etwa 30 Minuten in den Kühlschrank stellen.

Das Öl in einer Friteuse oder einem großen Topf erhitzen und die Teigtaschen portionsweise goldgelb und knusprig ausbacken. Aus dem Öl nehmen und auf Küchenpapier abtropfen lassen. Im Backofen bei niedriger Temperatur warm stellen, bis auch die restlichen Pilztaschen fertig sind. Mit Knoblauchmayonnaise servieren.

TIP

Für die Knoblauchmayonnaise 4 zerdrückte Knoblauchzehen mit 250 ml Mayonnaise verrühren. Vor dem Servieren 30 Minuten kühlen.

Pilzragout Stroganoff mit Nudeln

Rotelle-Pilz-Gratin

Rotelle-Pilz-Gratin

Dieses gehaltvolle Gericht ist ein ideales Abendessen für die Familie. Es läßt sich auch gut einfrieren. Nach dem Auftauen wird es zugedeckt bei mittlerer Temperatur im Backofen erwärmt.

ERGIBT 4–6 PORTIONEN

- 700 g Rotelle (Radnudeln)
- ein Schuß Olivenöl
- 2 EL Sonnenblumenöl
- 1 Knoblauchzehe, zerdrückt
- 250 g Pilze, geviertelt
- 100 g Zucchini, gewürfelt
- 3 EL frische Petersilie, gehackt
- 150 ml Gemüsebrühe
- 200 g geriebener reifer Cheddar

Salzwasser in einem großen Topf zum Kochen bringen und die Rotelle zusammen mit einem Schuß Olivenöl hineinschütten. In etwa 10 Minuten die Nudeln bißfest kochen.

Abgießen und beiseite stellen. Dann das Sonnenblumenöl in einer großen Bratpfanne erhitzen und den Knoblauch darin 2 Minuten anbraten. Die Pilze und Zucchini hinzufügen und zugedeckt etwa 5 Minuten garen.

Die gehackte Petersilie dazugeben und die Gemüsebrühe angießen. Zugedeckt weitere 10 Minuten garen. Die Rotelle dazugeben und den Cheddar unterziehen.

Den Backofen auf 200 °C vorheizen. Die Nudelmischung in eine feuerfeste Form füllen und 20 Minuten backen. Dazu warmes, knuspriges Brot servieren.

ROTELLE

Herzhafte Pilzcremesuppe

Die perfekte Mahlzeit für einen kalten Winterabend. Mit etwas knusprigem Knoblauchbrot wird daraus ein sättigender Mittagsimbiß.

ERGIBT 4 PORTIONEN

- 25 g Butter
- 1 Zwiebel, fein gewürfelt
- 350 g Cremechampignons, feingehackt
- 1 EL Mehl
- 600 ml Gemüsefond
- 300 ml Milch
- Salz und schwarzer Pfeffer, frisch gemahlen
- 100 g kleine Nudeln, gekocht
- eine Prise Muskatnuß, frisch gerieben

Die Butter in einem großen Topf zerlassen und die Zwiebel darin etwa 3 Minuten glasig dünsten. Die gehackten Pilze hinzufügen und zugedeckt 5 Minuten garen.

Das Mehl einrühren, dann allmählich Brühe und Milch angießen und gründlich verrühren. Zugedeckt etwa 15–20 Minuten köcheln lassen, dabei gelegentlich umrühren. Mit Salz und schwarzem Pfeffer abschmekken. Nudeln und Muskatnuß unterheben. Alles zusammen noch einmal 2–3 Minuten erhitzen und sofort servieren.

Pilz-ravioli

Wer schon einmal frische, hausgemachte Ravioli probiert hat, wird nie wieder fertige kaufen, sondern lieber eine Ravioliform anschaffen, welche die Herstellung dieser Köstlichkeit zu einem Kinderspiel macht.

ERGIBT 6 PORTIONEN

- 2/3 Rezept Nudelteig, also knapp 400 g (siehe Seite 8)
- 1 Rezept Pilzsauce (siehe Seite 9)
- 1 Ei, verquirlt, zum Bestreichen
- ein Schuß Olivenöl
- frische Petersilie, gehackt, zum Garnieren
- Parmesan, frisch gerieben (separat reichen)

FÜR DIE FÜLLUNG:

- 2 EL Olivenöl
- 1 Knoblauchzehe, zerdrückt
- 3 EL frischer Thymian, gehackt
- 250 g Zuchtchampignons, feingehackt
- 100 g frische Semmelbrösel
- Salz und schwarzer Pfeffer, frisch gemahlen

Den frischen Nudelteig in Klarsichtfolie gewickelt bei Zimmertemperatur bereitlegen und die Pilzsauce in einen Topf füllen. Sie wird später erhitzt.

Für die Füllung Knoblauch und Thymian 1–2 Minuten in heißem Öl anbraten. Die Pilze hinzufügen und 3–5 Minuten weitergaren. Die Semmelbrösel einrühren und mit Salz und Pfeffer würzen. Vom Herd nehmen und ganz erkalten lassen.

Für die Ravioli den Nudelteig halbieren. Die eine Hälfte zu einem Rechteck von gut 35 cm × 25 cm Kantenlänge ausrollen. Die Kanten gerade abschneiden. Das Rechteck mit Klarsichtfolie abdecken, damit der Teig nicht austrocknet. Die andere Hälfte des Teigs ebenso ausrollen, diesmal jedoch die Kanten nicht beschneiden.

In Reihen mit je 2 cm Zwischenraum jeweils einen halben Teelöffel der Füllung auf die gerade beschnittene Teigplatte setzen. Das verquirlte Ei zwischen den Reihen verstreichen, so daß ein Gitter entsteht.

Das zweite Rechteck auf das erste legen und die Füllung durch leichten Druck auf den Teig »versiegeln«, dabei die Füllung etwas flachdrücken, so daß kleine Päckchen entstehen. Mit einem scharfen Messer oder einem Teigrädchen zwischen den Reihen die Platte in quadratische Ravioli zerschneiden.

Salzwasser in einem großen Topf zum Kochen bringen und die Ravioli zusammen mit einem Schuß Olivenöl hineinschütten. Etwa 6 Minuten kochen, bis die Ravioli bißfest sind. Abschütten.

In der Zwischenzeit die Pilzsauce erhitzen. Die Pilzsauce über die Ravioli geben und mit gehackter Petersilie und geriebenem Parmesan bestreut servieren.

2 **Pasta** *mit Tomaten*

Bucatini mit Tomaten

Dies ist die vegetarische Version eines simplen, doch klassisch italienischen Gerichts. Wenn Sie keinen Pecorino bekommen, weichen Sie auf Parmesan aus.

GELBE KIRSCHTOMATEN

ERGIBT 4 PORTIONEN

- 350 g Bucatini (lange Röhrennudeln)
- ein Schuß Olivenöl
- 2 Knoblauchzehen, zerdrückt
- 1 Zwiebel, feingehackt
- 500-g-Packung passierte Tomaten
- 4 EL frisches Basilikum, gehackt
- Salz und schwarzer Pfeffer, frisch gemahlen
- Butter zum Einfetten der Form
- 50 g Pecorino oder Parmesan, frisch gerieben

Salzwasser in einem großen Topf zum Kochen bringen und die Bucatini zusammen mit einem Schuß Olivenöl hineinschütten. In etwa 10 Minuten die Nudeln bißfest kochen. Abgießen und beiseite stellen.

Den Backofen auf gut 200 °C vorheizen. Knoblauch, Zwiebel, passierte Tomaten, Basilikum, Salz und frisch gemahlenen schwarzen Pfeffer in eine große Pfanne geben und erhitzen, bis es köchelt. Etwa 5 Minuten ziehen lassen, dann vom Herd nehmen.

Die Bucatini in einer eingefetteten flachen Auflaufform anrichten, dazu der Rundung entsprechend biegen und jeweils ein oder zwei Nudeln hinzufügen, bis die Form dicht mit Nudeln ausgefüllt ist.

Darauf die Tomatenmischung geben. Die Nudeln nun andrücken und verschieben, so daß die Sauce bis auf den Boden der Form durchsickert. Den Käse darüber streuen und den Auflauf 25–30 Minuten backen, bis er Blasen wirft und oben goldgelb und kroß ist. Wie eine Torte aufschneiden und servieren.

Tagliatelle Napoli

Gelbe Tomaten geben diesem Gericht eine sehr aparte Note, rote schmecken allerdings genausogut. Wenn Sie keine frischen Nudeln bekommen können, verwenden Sie getrocknete Tagliatelle mit Ei.

ERGIBT 4 PORTIONEN

- 450 g mehrfarbige frische Tagliatelle
- ein Schuß plus 2 EL Olivenöl
- 2 Knoblauchzehen, zerdrückt
- 1 Zwiebel, gewürfelt
- 3 EL frisches Basilikum oder Oregano
- 450 g gelbe und rote Tomaten, gehäutet, entkernt und gehackt
- 225-g-Packung passierte Tomaten
- Salz und schwarzer Pfeffer, frisch gemahlen
- frisches Basilikum zum Garnieren
- Parmesan, frisch gerieben, zum Bestreuen

Salzwasser in einem großen Topf zum Kochen bringen und die Tagliatelle zusammen mit einem Schuß Olivenöl hineinschütten. In etwa 10 Minuten die Nudeln bißfest kochen, dabei gelegentlich umrühren. Abgießen und zugedeckt beiseite stellen.

Das restliche Öl in einer großen Pfanne erhitzen und Knoblauch, Zwiebel und gehacktes Basilikum darin etwa 3 Minuten anbraten, bis die Zwiebel glasig ist.

Die gehackten und die passierten Tomaten hinzugeben und mit Salz und schwarzem Pfeffer abschmecken. Etwa 10 Minuten unter Rühren kochen, bis die Masse andickt und Blasen wirft. Über die Tagliatelle geben und mit Basilikum und frisch geriebenem Parmesan bestreut servieren.

Rote Tortellini mit Tomaten-Basilikum-Sauce

Wenn auch frische Tortellini immer häufiger im Handel angeboten werden, so schmecken hausgemachte doch unvergleichlich besser. Wenn erst einmal alle Vorbereitungen getroffen wurden, die Nudeln ausgestochen sind und die Füllung bereitsteht, macht die Sache richtig Spaß und geht flott von der Hand.

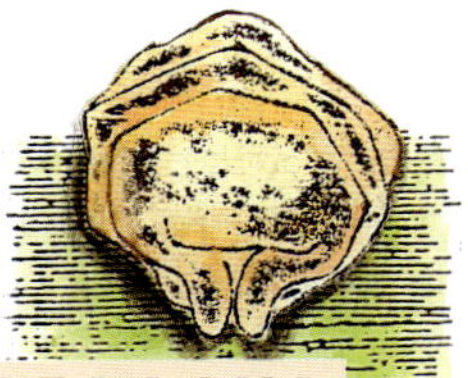

TORTELLINI

ERGIBT 6–8 PORTIONEN

2/3 Rezept Nudelteig (siehe Seite 8), dabei 1 EL Tomatenmark mit den Eiern verquirlen

1 Ei, verquirlt, zum Bestreichen

ein Schuß Olivenöl

frisches Basilikum, gehackt, zum Garnieren

Parmesan, frisch gerieben, zum Bestreuen

FÜR DIE FÜLLUNG:

400 g Dosentomaten, gehackt und abgetropft

2 Knoblauchzehen, zerdrückt

150 g frische Semmelbrösel

3 EL frisches Basilikum, gehackt

Salz und schwarzer Pfeffer, frisch gemahlen

FÜR DIE SAUCE:

2 EL Olivenöl

1 Knoblauchzehe, zerdrückt

1 kleine Zwiebel, sehr fein gewürfelt

400 g Dosentomaten, gehackt

2 EL Tomatenmark

4 EL frisches Basilikum, gehackt

Salz und schwarzer Pfeffer, frisch gemahlen

Den Nudelteig in Klarsichtfolie wickeln, damit er nicht austrocknet, und beiseite stellen.

Alle Zutaten für die Füllung in einer mittelgroßen Schüssel vermengen und zugedeckt beiseite stellen.

Für die Sauce das Olivenöl in einem großen Topf erhitzen, Knoblauch und Zwiebel darin etwa 5 Minuten anbraten. Die übrigen Saucen-Zutaten hinzugeben und 10–15 Minuten köcheln lassen, bis die Sauce Blasen wirft und andickt. Zugedeckt warm stellen.

Für die Tortellini den Nudelteig halbieren. Die eine Hälfte in Klarsichtfolie gewikkelt beiseite stellen, die andere zu einem Quadrat von 30 cm Kantenlänge ausrollen. Den Teig in sechs Streifen von 5 cm Breite schneiden und diese in 5 cm große Quadrate. Jedes Quadrat mit etwas Ei bestreichen.

Kleine Häufchen Tomatenfüllung auf jedes Quadrat geben und den Teig zu Dreiekken zusammenklappen. Die Kanten andrükken, dann die Längsseite des Dreiecks um die Zeigefingerspitze wickeln und die Ecken fest zusammenkneifen. Die übrigen Tortellini nach demselben Prinzip formen, dann die zweite Teighälfte ausrollen und ebenso zubereiten. Die fertigen Tortellini auf ein Backblech legen.

Salzwasser in einem großen Topf zum Kochen bringen und die Tortellini zusammen mit einem Schuß Olivenöl hineinschütten. Etwa 5 Minuten kochen, bis die Nudeln bißfest sind, dabei gelegentlich umrühren. Abgießen und zugedeckt warm stellen.

Die Sauce nochmals erhitzen und zu den Tortellini servieren. Mit gehacktem Basilikum und geriebenem Parmesan bestreuen.

TIP

Geben Sie nicht zuviel Füllung in die Tortellini, sonst platzen sie beim Kochen leicht auf.

Fusilli mit getrockneten Tomaten

Als warmes Hauptgericht eine Delikatesse, doch auch kalt serviert sehr lecker als Sommersalat. Pesto mit Tomate bekommt man im Feinkostgeschäft.

ERGIBT 4 PORTIONEN

450 g Fusilli

ein Schuß Olivenöl plus etwas Öl zum Beträufeln

2 EL Tomaten-Pesto

200 g getrocknete Tomaten, eingeweicht, abgetropft und gehackt

4 Eiertomaten, in Spalten geschnitten

4 EL frisches Basilikum, gehackt

Salz und schwarzer Pfeffer, frisch gemahlen

Salzwasser in einem großen Topf zum Kochen bringen und die Fusilli zusammen mit einem Schuß Olivenöl hineinschütten. In etwa 10 Minuten die Nudeln bißfest kochen, dabei gelegentlich umrühren. Abgießen und in den Topf zurückschütten.

Die übrigen Zutaten unterrühren, mit Olivenöl beträufeln und sofort heiß anrichten oder abkühlen lassen und bis zum Servieren in den Kühlschrank stellen.

RECHTE SEITE: *Fusilli mit getrockneten Tomaten*

Würzig gefüllte Tomaten

Fleischtomaten eignen sich zum Füllen am besten. Servieren Sie dieses Gericht als Gemüsebeilage oder als Vorspeise. Damit die Tomaten aufrecht in der Form stehen bleiben, schneiden Sie an der Unterseite eine dünne Scheibe ab.

ERGIBT 4 PORTIONEN

100 g beliebige kleine Nudeln

ein Schuß Olivenöl

4 große Fleischtomaten

Butter zum Einfetten

FÜR DIE FÜLLUNG:

350 g Kartoffeln, in 5 mm große Würfel geschnitten

4 EL Olivenöl

2 Knoblauchzehen, zerdrückt

1 Zwiebel, fein gewürfelt

2 TL mildes Currypulver

eine Prise Kreuzkümmel, gemahlen

1 EL Tomatenmark

4 EL frischer Koriander, gehackt

Salz und schwarzer Pfeffer, frisch gemahlen

Salzwasser in einem Topf zum Kochen bringen und die Nudeln zusammen mit einem Schuß Olivenöl hineinschütten. In 8 Minuten die Nudeln bißfest kochen, gelegentlich umrühren. Abgießen und zugedeckt beiseite stellen.

Die Oberseite der Tomaten abschneiden und als Deckel beiseite legen. Mit einem Teelöffel das Fleisch aus den Tomaten herausschälen und aufbewahren. Die ausgehöhlten Tomaten in eine eingefettete feuerfeste Form legen und beiseite stellen.

Für die Füllung die Kartoffelwürfel etwa 10 Minuten in kochendem Salzwasser garen. Abschütten und beiseite stellen. Das Olivenöl in einer großen Pfanne erhitzen und Knoblauch und Zwiebeln darin etwa 3 Minuten anbraten.

Currypulver, Kreuzkümmel und Tomatenmark in die Pfanne geben und 2 Minuten mitschmoren, dann vorsichtig die vorgekochten Nudeln und Kartoffeln hinzufügen. Mit gehacktem Koriander, Salz und frisch gemahlenem Pfeffer würzen. Noch 2–3 Minuten schmoren, dabei gelegentlich umrühren, dann vom Herd nehmen.

Den Backofen auf 200 °C vorheizen. Die Tomaten füllen und etwas von der Masse auf den Boden der Form geben. Die Deckel auf die Tomaten setzen und das Ganze 20 Minuten backen, bis die Tomaten gut durchgewärmt sind.

Spaghettini Italia

Spaghettini Italia

Pinienkerne verleihen diesem Gericht den optischen und kulinarischen Reiz. Sie sollten es am besten direkt aus der Pfanne servieren.

TOMATE

ERGIBT 4 PORTIONEN

- 450 g mehrfarbige Spaghettini
- ein Schuß Olivenöl
- 50 g Butter
- 1 Knoblauchzehe, zerdrückt
- 1 kleine Zwiebel, fein gewürfelt
- 75 g Pinienkerne
- 225-g-Packung passierte Tomaten
- Salz und schwarzer Pfeffer, frisch gemahlen
- 4 EL frisches Basilikum, gehackt
- 2 EL frische Petersilie, gehackt

Salzwasser in einem großen Topf zum Kochen bringen und die Spaghettini zusammen mit einem Schuß Olivenöl hineinschütten. In höchstens 8 Minuten die Nudeln bißfest kochen, dabei gelegentlich umrühren. Abgießen und beiseite stellen.

Die Butter in einer großen Pfanne zerlassen und Knoblauch und Zwiebeln darin 3 Minuten anbraten. Die Pinienkerne hineingeben und unter Rühren goldgelb braten.

Die passierten Tomaten, Salz und gemahlenen schwarzen Pfeffer sowie die Kräuter dazugeben und etwa 5 Minuten schmoren, dabei gelegentlich umrühren.

Die Spaghettini hinzufügen und gründlich umrühren, damit die Nudeln ganz mit der Sauce überzogen werden. Weitere 5 Minuten garen, dann sofort servieren.

Fettuccine mit Tomaten und Mozzarella

Diesen köstlichen Sommersalat kann man gut vorbereiten und sollte ihn bis zu drei Stunden durchziehen lassen.

ERGIBT 4 PORTIONEN

- 350 g Eier-Fettuccine
- ein Schuß Olivenöl
- 500 g Fleischtomaten, gehäutet, entkernt und in Scheiben geschnitten
- 5 EL kaltgepreßtes Olivenöl
- 2 Knoblauchzehen, zerdrückt
- 6 EL frisches Basilikum, gehackt
- 2 EL frischer Oregano, gehackt
- 350 g Mozzarella, in 1 cm große Würfel geschnitten
- 50 g frisch geriebener Pecorino oder Parmesan
- Salz und schwarzer Pfeffer, frisch gemahlen

Salzwasser in einem großen Topf zum Kochen bringen und die Fettuccine zusammen mit einem Schuß Olivenöl hineinschütten. In etwa 10 Minuten die Nudeln bißfest kochen, dabei gelegentlich umrühren. Abgießen und mit kaltem Wasser abschrecken. Abtropfen lassen und beiseite stellen.

Die Tomatenscheiben zusammen mit den übrigen Zutaten in eine große Schüssel geben und vorsichtig vermengen. Die gekochten Fettuccine hinzufügen und mischen, bis sie mit Öl überzogen sind. Den Salat nicht zu kalt mit warmem Knoblauchbrot servieren.

Pasta al Pomodoro

Die Sauce für dieses Gericht ist rasch und leicht gemacht, deshalb eignet sich dieses Rezept als schnell gezaubertes Essen für unverhofften Besuch.

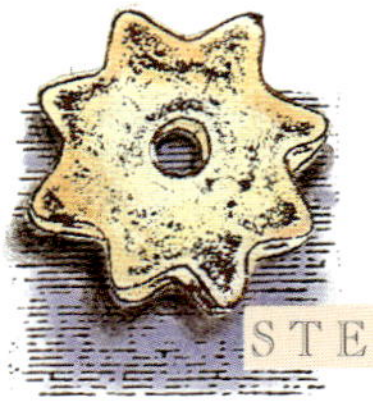

STERNCHEN

ERGIBT 4 PORTIONEN

- 450 g Nudeln
- ein Schuß Olivenöl
- 25 g Butter
- 2 Knoblauchzehen, zerdrückt
- 1 Zwiebel, gewürfelt
- 500-g-Packung passierte Tomaten
- Salz und schwarzer Pfeffer, frisch gemahlen
- glatte Petersilie zum Garnieren
- frische Parmesan-»Locken«

Salzwasser in einem großen Topf zum Kochen bringen und die Nudeln zusammen mit einem Schuß Olivenöl hineinschütten. In etwa 10 Minuten die Nudeln bißfest kochen. Abgießen und zugedeckt warm stellen.

Die Butter in einer großen Pfanne zerlassen und Knoblauch und Zwiebeln darin etwa 3 Minuten anbraten. Die Tomaten hinzufügen und mit Salz und frisch gemahlenem schwarzen Pfeffer würzen. Die Sauce etwa 10 Minuten köcheln lassen und dann zu den Nudeln servieren. Mit Petersilienblättchen und frischen Parmesanlocken garnieren.

TIP

Die Parmesanlocken macht man am einfachsten mit einem Sparschäler.

Tomaten-Streuselkuchen

Ein leckeres, vollwertiges Hauptgericht. Reichen Sie dazu gekochte grüne Bohnen mit schwarzem Pfeffer, in Butter geschwenkt.

TOMATE

ERGIBT 4–6 PORTIONEN

- 450 g Makkaroni
- ein Schuß plus 2 EL Olivenöl
- 2 Knoblauchzehen, zerdrückt
- 1 Zwiebel, gewürfelt
- 4 EL frische Petersilie, gehackt
- 400 g Dosentomaten, gehackt
- 100 g Tomaten, gehackt
- 2 EL Tomatenmark
- Salz und schwarzer Pfeffer, frisch gemahlen

FÜR DEN BELAG:

- 175 g Haferflocken
- 75 g gemahlene Haselnüsse
- 50 g frisch geriebener Parmesan
- 3 TL getrockneter Thymian
- 75 g Butter

Salzwasser in einem großen Topf zum Kochen bringen und die Makkaroni zusammen mit einem Schuß Olivenöl hineinschütten. In etwa 10 Minuten die Nudeln bißfest kochen, dabei gelegentlich umrühren. Abgießen und beiseite stellen.

Das restliche Olivenöl in einer großen Pfanne erhitzen und Knoblauch und Zwiebel darin etwa 3 Minuten anbraten. Petersilie, gehackte Tomaten, Tomatenmark sowie Salz und Pfeffer hinzufügen. Etwa 5 Minuten schmoren, dann die Makkaroni unterheben. Diese Mischung in eine flache feuerfeste Form füllen und beiseite stellen. Den Backofen auf 180 °C vorheizen.

Alle Zutaten für den Belag in einer Schüssel mischen und mit der Butter verkneten, bis die Masse wie Semmelbrösel aussieht. Diese Streusel auf den Tomaten-Makkaroni verteilen und leicht andrücken. Etwa 30 Minuten backen, bis der Auflauf oben goldgelb und gut erhitzt ist.

Makkaroni Napoli

Ein ebenso blitzschnelles wie köstliches Makkaronirezept. Servieren Sie dazu einen knackigen grünen Salat. Zur Abwechslung können Sie ohne weiteres andere Nudelformen verwenden.

ERGIBT 4 PORTIONEN

- 450 g Makkaroni
- ein Schuß plus 6 EL Olivenöl
- 2 Knoblauchzehen, zerdrückt
- 4 EL frische Petersilie, gehackt
- zwei 500-g-Packungen Tomatenstücke
- 1 EL Tomatenmark
- Salz und schwarzer Pfeffer, frisch gemahlen
- 25 g frisch geriebener Parmesan

Salzwasser in einem großen Topf zum Kochen bringen und die Makkaroni zusammen mit einem Schuß Olivenöl hineinschütten. In etwa 10 Minuten die Nudeln bißfest kochen, dabei gelegentlich umrühren. Abgießen und in den Topf zurückschütten. Warm stellen.

Den Backofen auf 200 °C vorheizen. Das restliche Öl in einer großen Pfanne erhitzen und Knoblauch und Petersilie darin 2–3 Minuten anbraten, dabei häufig umrühren. Tomaten, Tomatenmark sowie Salz und Pfeffer hinzufügen. Etwa 10 Minuten schmoren.

Die Tomatensauce gleichmäßig unter die Makkaroni ziehen und das Ganze in eine feuerfeste Form geben. Mit Parmesan bestreuen und etwa 30 Minuten backen.

Tomaten-Nudel-Timbales

Eine sehr dekorative Vorspeise, die zwar einfach in der Zubereitung ist, doch sehr eindrucksvoll wirkt.

ERGIBT 4 PORTIONEN

- 350 g mehrfarbige Spaghettini
- ein Schuß plus etwas Olivenöl zum Einfetten
- 4 dünne Tomatenscheiben
- 2 EL Tomatenpesto
- 2 Eier, verquirlt
- 50 ml Milch
- Salz und schwarzer Pfeffer, frisch gemahlen

FÜR DIE SAUCE:

- 225-g-Packung passierte Tomaten
- 1 EL süße Sojasauce
- 4 EL frisches Basilikum, gehackt
- Salz und schwarzer Pfeffer, frisch gemahlen

ZUM ANRICHTEN:

- glatte Petersilie
- Kirschtomaten

Salzwasser in einem großen Topf zum Kochen bringen und die Spaghettini zusammen mit einem Schuß Olivenöl hineinschütten. In etwa 10 Minuten die Nudeln bißfest kochen, dabei gelegentlich umrühren. Abgießen und gründlich abtropfen lassen.

Den Backofen auf 160 °C vorheizen. Vier feuerfeste Förmchen von je etwa 200 ml Fassungsvermögen mit etwas Olivenöl einfetten und auf den Boden jeweils ein passend geschnittenes Stück Backpapier und eine Tomatenscheibe legen. Die Spaghettini akkurat hineinfüllen, dabei an der Oberkante mindestens 5 mm freilassen.

In einer Rührschüssel den Tomatenpesto mit Eiern, Milch, Salz und frisch gemahlenem schwarzen Pfeffer mischen. Gründlich verquirlen und in die Förmchen gießen. Die Sauce muß die Nudeln ganz bedecken.

Die Förmchen in eine Fettpfanne stellen und bis zu halber Höhe der Förmchen kochend heißes Wasser einfüllen. 40 Minuten backen, bis die Masse gestockt ist und sich fest anfühlt.

In der Zwischenzeit alle Saucenzutaten in einen Topf geben. 10 Minuten köcheln lassen, bis die Sauce etwas andickt.

Die Timbales mit einem scharfen Messer vom Rand lösen und direkt auf vier Teller stürzen. Mit etwas Sauce umgießen und hübsch garniert servieren.

Tomaten-Nudel-Salat

Orecchiette sind kleine Nudel-»Öhrchen«. Wenn Sie diese nicht bekommen können, nehmen Sie statt dessen Conchiglie, die auch hübsch aussehen.

CONCHIGLIE

ERGIBT 6–8 PORTIONEN

550 g frische Orecchiette

ein Schuß Olivenöl

500 g rote und gelbe Tomaten, gehackt

15 cm Salatgurke, gehackt

200 g Schafskäse, gehackt

5 EL frischer Koriander, gehackt

2 EL frisches Basilikum, gehackt

FÜR DIE SALATSAUCE:

1 EL Weißweinessig

4 EL Olivenöl

2 Knoblauchzehen, zerdrückt

Salz und schwarzer Pfeffer, frisch gemahlen

ZUM GARNIEREN:

Kirschtomaten

frische Korianderzweige

Salzwasser in einem großen Topf zum Kochen bringen und die Orecchiette zusammen mit einem Schuß Olivenöl hineinschütten. Etwa 5 Minuten kochen, bis die Nudeln bißfest sind, dabei gelegentlich umrühren. Abgießen und mit kaltem Wasser abschrecken. Abtropfen lassen und beiseite stellen.

Die Orecchiette in eine große Schüssel geben und die übrigen Salatzutaten hinzufügen. Gründlich vermengen. Alle Zutaten für die Sauce in ein Schraubdeckelglas füllen und kräftig schütteln. Die Sauce mit dem Salat vermengen. Mit Kirschtomaten und Korianderblättern garniert servieren.

Tomaten-Mozzarella-Spieße

Diese Spieße eignen sich vorzüglich für ein vegetarisches Grillfest. Servieren Sie dazu reichlich kroß aufgebackenes Knoblauchbrot und Salat.

GELBE KIRSCHTOMATEN

ERGIBT 4 PORTIONEN

- 100 g Rotelle (Radnudeln)
- ein Schuß plus 4 EL Olivenöl
- 2 Knoblauchzehen, zerdrückt
- Salz und schwarzer Pfeffer, frisch gemahlen
- 8–12 Kirschtomaten
- 250 g Mozzarella, in 2,5 cm große Würfel geschnitten

Salzwasser in einem großen Topf zum Kochen bringen und die Rotelle zusammen mit einem Schuß Olivenöl hineinschütten. In etwa 10 Minuten die Nudeln bißfest kochen, dabei gelegentlich umrühren. Abgießen und mit kaltem Wasser abschrecken. Abtropfen lassen und beiseite stellen.

In einer kleinen Schüssel das Olivenöl mit Knoblauch, Salz und frisch gemahlenem Pfeffer verrühren. Beiseite stellen.

Für die Spieße abwechselnd eine Nudel, eine Tomate und einen Mozzarellawürfel aufspießen, bis alle Zutaten verarbeitet sind. Die Spieße auf ein Backblech legen und großzügig mit der Ölmischung einpinseln, dann wenden, damit alles gleichmäßig eingeölt ist.

Die Spieße 5–7 Minuten unter den vorgeheizten Grill schieben, dabei einmal wenden. Sofort servieren.

TIP

Wenn Sie Holzspieße verwenden, wässern Sie sie mindestens eine halbe Stunde lang, bevor Sie die Zutaten aufspießen. Dann verbrennt das Holz beim Grillen nicht.

Spaghettini mit Tomatenragout

Diese Ragout-Version ist ideal, wenn der Heißhunger keine langwierigen Vorbereitungen zuläßt.

ERGIBT 4 PORTIONEN

- 450 g Spaghettini
- ein Schuß Olivenöl
- Parmesan, frisch gerieben, zum Bestreuen

FÜR DAS RAGOUT:

- 25 g Butter
- 1 Knoblauchzehe, zerdrückt
- 1 große Zwiebel, fein gewürfelt
- 400 g Dosentomaten, gehackt
- 150 ml trockener Rotwein
- 4 EL frisches Basilikum, gehackt
- Salz und schwarzer Pfeffer, frisch gemahlen

Salzwasser in einem großen Topf zum Kochen bringen und die Spaghettini zusammen mit einem Schuß Olivenöl hineinschütten. In etwa 10 Minuten die Nudeln bißfest kochen, dabei gelegentlich umrühren. Abgießen und zugedeckt warm stellen.

Für das Ragout die Butter in einer großen Pfanne zerlassen und darin Knoblauch und Zwiebeln etwa 3 Minuten anbraten. Die übrigen Zutaten beifügen, umrühren und gut 15 Minuten einkochen lassen, bis das Ragout leicht andickt. Über die Spaghettini geben und mit frisch geriebenem Parmesan bestreut servieren.

RECHTE SEITE: *Tomaten-Mozzarella-Spieße*

Trenette mit Tomaten-Estragon-Sahne

Ein üppiges Nudelgericht, das leider nicht unbedingt für figurbewußte Leute geeignet ist. Dafür ist es aber besonders lecker, vor allem mit einem Gläschen gut gekühltem trockenen Weißwein!

ERGIBT 4 PORTIONEN

- 450 g Trenette (gewellte Nudelstreifen)
- ein Schuß plus 1 EL Olivenöl
- 2 Knoblauchzehen, zerdrückt
- 4 EL frischer Estragon, gehackt
- 250 g Kirschtomaten, halbiert
- 250 ml Sahne
- Salz und schwarzer Pfeffer, frisch gemahlen
- Parmesan, frisch gerieben, zum Bestreuen

Salzwasser in einem großen Topf zum Kochen bringen und die Trenette zusammen mit einem Schuß Olivenöl hineinschütten. In etwa 10 Minuten die Nudeln bißfest kochen, dabei gelegentlich umrühren. Abgießen und im Topf zugedeckt warm halten.

Das restliche Olivenöl in einer großen Pfanne erhitzen und darin Knoblauch, Estragon und Tomaten etwa 3 Minuten unter Rühren anbraten. Die Sahne zugießen. Mit Salz und frisch gemahlenem schwarzen Pfeffer abschmecken. Noch weitere 2–3 Minuten schmoren. Die Nudeln unterheben und mit Parmesan servieren.

3 Pasta *mit Paprika*

Gefüllte Paprika

Um Paprika zu füllen, sind Nudeln eine interessante Alternative zu Reis, den man hierfür üblicherweise verwendet. Alle kleinen Nudelformen eignen sich sehr gut für dieses Rezept. Servieren Sie dazu einen knackigen grünen Salat.

ERGIBT 4 PORTIONEN

250 g Gnocchetti sardi (Nudelklößchen)

ein Schuß Olivenöl

4 Paprikaschoten zum Füllen

glatte Petersilie zum Garnieren

FÜR DIE FÜLLUNG:

50 g Butter

6 Frühlingszwiebeln, feingehackt

2 Knoblauchzehen, zerdrückt

1 Paprikaschote, entkernt und fein gewürfelt

Salz und schwarzer Pfeffer, frisch gemahlen

50 g Parmesan, frisch gerieben

Salzwasser in einem großen Topf zum Kochen bringen und die Gnocchetti sardi zusammen mit einem Schuß Olivenöl hineinschütten. In etwa 10 Minuten die Nudeln bißfest kochen, dabei gelegentlich umrühren. Abgießen und beiseite stellen.

Den Backofen auf 200 °C vorheizen. Die vier ganzen Paprikaschoten auf die Seite legen, jeweils einen Deckel abschneiden und für später aufheben. Samenkerne und Rippen entfernen. Die Schoten in eine flache feuerfeste Form legen und beiseite stellen.

Für die Füllung die Butter in einer großen Pfanne zerlassen und darin Frühlingszwiebeln und Knoblauch etwa 2 Minuten anbraten, dann die Paprikawürfel hinzufügen. Mit Salz und Pfeffer würzen und 5 Minuten braten, dabei gelegentlich umrühren.

Die Gnocchetti sardi und den Parmesan hinzufügen und 2 Minuten lang erhitzen. Mit einem Löffel die Paprikaschoten füllen, auch etwas auf den Boden der Form geben.

Die Deckel auf die Schoten setzen und etwa 30 Minuten überbacken, bis sie weich sind. Unmittelbar vor dem Servieren eventuell für 2–3 Minuten unter den vorgeheizten Grill schieben, bis die Haut ansengt. Mit Petersilie garniert servieren.

Paprika-Nudel-Ratatouille

Paprika-Nudel-Ratatouille

Köstlich mit heißer, gebutterter Folienkartoffel. Ein Hit für eine Feuerwerksnacht!

CONCHIGLIE

ERGIBT 4–6 PORTIONEN

- 450 g kleine Vollkorn-Gnocchi
- ein Schuß plus 3 EL Olivenöl
- 2 Knoblauchzehen, zerdrückt
- 1 Zwiebel, gewürfelt
- 2 grüne Paprikaschoten, entkernt und in Stücke geschnitten
- 400 g Dosentomaten, gehackt
- 50 g Tomatenmark
- 150 ml trockener Rotwein
- 2 EL frischer Oregano
- Salz und schwarzer Pfeffer, frisch gemahlen
- frische Oreganozweige zum Garnieren

Salzwasser in einem großen Topf zum Kochen bringen und die Gnocchi zusammen mit einem Schuß Olivenöl hineinschütten. In etwa 10 Minuten die Nudeln bißfest kochen, dabei gelegentlich umrühren. Abgießen und beiseite stellen.

Das restliche Olivenöl in einem großen Topf erhitzen und darin Knoblauch und Zwiebeln etwa 3 Minuten anbraten. Die Paprikastücke hinzufügen. Zugedeckt etwa weitere 5 Minuten schmoren, bis der Paprika weich wird.

Die übrigen Zutaten mit Ausnahme der Oreganozweige unterrühren und aufkochen. Die Temperatur reduzieren und zugedeckt 10 Minuten schmoren, dann die Gnocchi unterheben. Weitere 5 Minuten garen, dabei gelegentlich umrühren. Mit Oreganozweigen garniert servieren.

Nudeln mit Paprikasauce und Oliven

Dank der fettarmen Paprikasauce hat dieses Rezept wenig Kalorien. Sofern die Nudeln keine Eier enthalten und der Cheddar weggelassen wird, eignet sich das Gericht auch für Veganer.

ERGIBT 4 PORTIONEN

- 375 g Rigatoni (kurze Röhrennudeln)
- ein Schuß Olivenöl
- 50 g entsteinte schwarze Oliven, grobgehackt
- Cheddar, gerieben (separat reichen)

FÜR DIE PAPRIKASAUCE:

- 2 rote Paprikaschoten, gehäutet, entkernt und grobgehackt
- 4 Knoblauchzehen, zerdrückt
- 250 ml Gemüsefond
- Salz und schwarzer Pfeffer, frisch gemahlen

Salzwasser in einem großen Topf zum Kochen bringen und die Rigatoni zusammen mit einem Schuß Olivenöl hineinschütten. In etwa 10 Minuten die Nudeln bißfest kochen, dabei gelegentlich umrühren. Abgießen und in den Topf zurückschütten. Beiseite stellen.

Für die Sauce gehackten Paprika und Knoblauch mit dem Gemüsefond in der Küchenmaschine oder mit dem Pürierstab zu Mus verarbeiten, mit Salz und schwarzem Pfeffer abschmecken und glattrühren.

Die Paprikasauce mit den Rigatoni und den gehackten Oliven mischen. Mit geriebenem Cheddar zusammen servieren.

Tortellini-Paprika-Salat mit Pinienkernen

Wenn Sie es lieber etwas milder mögen, können Sie anstelle der Chilis auch eine rote Paprikaschote verwenden. Am besten schmeckt der Salat gut gekühlt. Also: Eine Stunde vor dem Servieren in den Kühlschrank stellen!

ERGIBT 4–6 PORTIONEN

300 g frische Tortellini

ein Schuß Olivenöl

1 Zwiebel, fein gewürfelt

1 grüne Paprikaschote, entkernt und sehr fein gewürfelt

75 g geröstete Pinienkerne

1 rote Chilischote, entkernt und in Ringe geschnitten (nach Belieben)

10 cm Salatgurke, in hauchdünnen Scheiben

1 Orange, geschält und in sehr feine Scheiben geschnitten

FÜR DIE SALATSAUCE:

4 EL Olivenöl

2 EL süße Sojasauce

2 EL Essig

Salz und schwarzer Pfeffer, frisch gemahlen

Salzwasser in einem großen Topf zum Kochen bringen und die Tortellini zusammen mit einem Schuß Olivenöl hineinschütten. Etwa 4 Minuten kochen, bis die Nudeln bißfest sind, dabei gelegentlich umrühren. Abgießen und mit kaltem Wasser abschrecken. Abtropfen lassen.

Die Tortellini mit den übrigen Zutaten in eine große Salatschüssel geben. Vorsichtig vermengen.

Die Zutaten für die Sauce in ein Glas mit Schraubdeckel füllen und kräftig schütteln. Über den Salat gießen, unterheben und gekühlt servieren.

Rigatoni mit Paprika und Knoblauch

Der zum Schluß hinzugefügte rohe Knoblauch gibt dem Gericht die typisch südländische Würze.

ERGIBT 4 PORTIONEN

350 g Rigatoni (große Röhrennudeln)

ein Schuß plus 4 EL Olivenöl

1 große Zwiebel, gewürfelt

4 Knoblauchzehen, feingehackt

2 große rote Paprikaschoten, entkernt und grob gehackt

2 große gelbe Paprikaschoten, entkernt und grob gehackt

2 TL frischer Thymian, gehackt

Salz und schwarzer Pfeffer, frisch gemahlen

Salzwasser in einem großen Topf zum Kochen bringen und die Rigatoni zusammen mit einem Schuß Olivenöl hineinschütten. In etwa 10 Minuten die Nudeln bißfest kochen, dabei gelegentlich umrühren. Abgießen und beiseite stellen.

Das restliche Öl in einer großen Pfanne erhitzen und die Zwiebel, 2 Knoblauchzehen, Paprika und Thymian hineingeben. Bei mittlerer Hitze 10–15 Minuten schmoren, dabei gelegentlich umrühren, bis das Gemüse bißfest ist und anfängt braun zu werden.

Die Nudeln mit der Paprikamischung vermengen. Den restlichen Knoblauch und die Gewürze einrühren. Sofort servieren.

Tortellini-Paprika-Salat mit Pinienkernen

Nudeln mit Pimientos

Ein blitzschnelles Gericht aus gängigen Vorräten, mit dem Sie problemlos unerwartete Gäste angemessen bewirten können.

ERGIBT 4 PORTIONEN

350 g Spaghettini

ein Schuß plus 2 EL Olivenöl

2 Knoblauchzehen, zerdrückt

400-g-Dose rote Pimientos, in feine Streifen geschnitten

Salz und schwarzer Pfeffer, frisch gemahlen

frisch geriebener Parmesan, zum Bestreuen (nach Belieben)

Salzwasser in einem großen Topf zum Kochen bringen und die Spaghettini zusammen mit einem Schuß Olivenöl hineinschütten. In etwa 10 Minuten die Nudeln bißfest kochen, dabei gelegentlich umrühren. Abgießen und zugedeckt warm stellen.

Das restliche Olivenöl in einer Pfanne erhitzen und darin Knoblauch und Pimientos etwa 3–5 Minuten unter ständigem Rühren braten, dann zu den warmen Spaghettini geben und gut umrühren. Nach Wunsch servieren Sie etwas geriebenen Parmesan dazu.

Nudeln mit grünem Paprika und Pesto

Sollten Sie keine Linguine bekommen können, schmeckt das Rezept genausogut mit Tagliatelle oder Spaghettini.

ERGIBT 4 PORTIONEN

500 g frische Linguine (dünne, flache Nudelstreifen)

ein Schuß plus 2 EL Olivenöl

2 Knoblauchzehen, zerdrückt

1/2 Rezept Pesto (siehe Seite 10)

50 ml Gemüsefond

1 grüne Paprikaschote, entkernt und in hauchdünne Streifen geschnitten

frische Kräuter zum Garnieren

Salzwasser in einem großen Topf aufkochen und die Linguine zusammen mit einem Schuß Olivenöl hineinschütten. 4 Minuten kochen, dabei gelegentlich umrühren. Abgießen und in den Topf zurückschütten. Zugedeckt warm stellen.

Das restliche Öl in einer Pfanne erhitzen und Knoblauch darin 1–2 Minuten anbraten, dann den Pesto hinzufügen. Den Gemüsefond angießen, umrühren und etwa 1 Minute schmoren, dann die Paprikastreifen hineingeben. Weitere 7–10 Minuten schmoren, dabei gelegentlich umrühren. Den Paprika mit den Linguine vermengen und mit frischen Kräutern garniert servieren.

Paprika-salat mit Minze

Servieren Sie dieses erfrischend kühle und leichte Gericht an einem Sommertag oder zum Picknick, denn es läßt sich gut einpacken und mitnehmen.

ERGIBT 4 PORTIONEN

350 g Makkaroni

ein Schuß plus etwas Olivenöl zum Beträufeln

1 gelbe Paprikaschote, entkernt und in 1 cm große Rauten geschnitten

1 grüne Paprikaschote, entkernt und in 1 cm große Rauten geschnitten

400-g-Dose Artischockenherzen, abgetropft und geviertelt

15 cm Salatgurke, in Scheiben geschnitten

eine Handvoll Pfefferminzblätter, ersatzweise Zitronenmelisse

Salz und schwarzer Pfeffer, frisch gemahlen

100 g frisch geriebener Parmesan

Salzwasser in einem großen Topf zum Kochen bringen und die Makkaroni zusammen mit einem Schuß Olivenöl hineinschütten. In etwa 10 Minuten die Nudeln bißfest kochen, dabei gelegentlich umrühren. Abgießen und mit kaltem Wasser abschrecken. Abgetropft in eine große Rührschüssel schütten.

Die übrigen Zutaten hinzufügen und gründlich vermischen. Etwas Olivenöl darüberträufeln und servieren.

Rote Paprikasuppe

Eine köstliche und sättigende, dabei aber bekömmliche Suppe, die Sie mit Ihren Lieblingsnudeln zubereiten sollten.

ERGIBT 4 PORTIONEN

- 400-g-Dose Pimientos, abgetropft
- 600 ml Gemüsefond
- Salz und schwarzer Pfeffer, frisch gemahlen
- 1 EL gemahlener Koriander
- 250 g gekochte Nudeln, z.B. Tortellini, Muscheln oder Farfalle
- frische Korianderblätter zum Garnieren

Die Pimientos in der Küchenmaschine oder mit dem Pürierstab zu einer glatten Masse verarbeiten. In einen großen Topf geben und den Gemüsefond angießen, mit Salz und schwarzem Pfeffer sowie Korianderpulver abschmecken. Auf kleiner Flamme unter ständigem Rühren etwa 10 Minuten köcheln lassen. Die gekochten Nudeln hinzufügen und weitere 2–3 Minuten garen, bis die Nudeln heiß sind. Mit Korianderblättern garniert servieren.

Süß-saurer Paprika

Im Handumdrehen zubereitet, eignet sich dieses Gericht als kalte oder warme Vorspeise sowie auch als Hauptgericht.

ERGIBT 4–6 PORTIONEN

- 350 g Farfalle (Schmetterlingsnudeln)
- ein Schuß plus 4 EL Olivenöl
- 2 Zwiebeln, in Scheiben geschnitten
- 2 Knoblauchzehen, zerdrückt
- 700 g schwarzer (oder anderer) Paprika, entkernt und in Stücke geschnitten
- 1 rote Paprikaschote, entkernt und in Streifen geschnitten
- 25 g brauner Zucker
- 25 g Rosinen
- Saft von 2 Zitronen
- 150 ml Gemüsefond
- Salz und schwarzer Pfeffer, frisch gemahlen
- frische Petersilie, gehackt, zum Garnieren

Salzwasser in einem großen Topf zum Kochen bringen und die Farfalle zusammen mit einem Schuß Olivenöl hineinschütten. In etwa 10 Minuten die Nudeln bißfest kochen, dabei gelegentlich umrühren. Abgießen und beiseite stellen.

Das restliche Olivenöl in einer großen Pfanne erhitzen und Knoblauch und Zwiebeln darin etwa 3 Minuten anbraten.

Die schwarzen und roten Paprikastücke hinzufügen. Umrühren und zugedeckt bei geringer Hitze etwa 10 Minuten schmoren, bis der Paprika gar ist.

Die übrigen Zutaten hinzugeben und die Sauce offen etwa 5 Minuten einkochen lassen, dabei gelegentlich umrühren.

Die vorgekochten Farfalle hineingeben und gut vermengen. Mit gehackter Petersilie bestreut servieren.

Rote Paprikasuppe

Fusilli mit gegrilltem Paprika

Fusilli mit gegrilltem Paprika

Damit die Nudeln nicht zusammenkleben, wäscht man die stärkehaltige Garflüssigkeit mit kochendem Wasser ab. Danach weiter wie im Rezept angegeben vorgehen.

ERGIBT 4–6 PORTIONEN

- 450 g lange Fusilli
- ein Schuß Olivenöl
- 2 gelbe Paprikaschoten, entkernt und in Stücke geschnitten
- 3 Knoblauchzehen, zerdrückt
- 50 ml Olivenöl
- 100 g Cheddar, gerieben
- 50 g Parmesan, frisch gerieben
- frische Petersilie, gehackt, zum Garnieren

Salzwasser in einem großen Topf aufkochen und die Fusilli zusammen mit einem Schuß Olivenöl hineinschütten. In etwa 10 Minuten die Nudeln bißfest kochen, dabei gelegentlich umrühren. Abgießen, in den Topf zurückschütten und beiseite stellen.

Den Backofen auf 200 °C vorheizen. Die Paprikastücke auf ein Backblech legen und etwa 5 Minuten unter den Grill legen, bis die Haut leicht geschwärzt ist.

Paprika und Nudeln mit den übrigen Zutaten gut vermischen. In eine feuerfeste Form füllen und etwa 15 Minuten backen, bis alles durch und durch heiß und der Käse geschmolzen ist. Großzügig mit Petersilie bestreut servieren.

Käse-Paprika-Gratin

Nach dem Vorbild der traditionellen überbackenen Makkaroni werden hier die Nudeln zu einem farbenfrohen Gericht zusammengestellt, das vor allem bei Kindern gut ankommen wird!

ERGIBT 4–6 PORTIONEN

- 250 g Makkaroni
- 1/2 rote Paprikaschote, entkernt und fein gewürfelt
- 1/2 gelbe Paprikaschote, entkernt und fein gewürfelt
- ein Schuß Olivenöl

FÜR DIE SAUCE:

- 50 g Butter
- 50 g Mehl
- 600 ml Milch
- 2 TL Dijon-Senf
- 25 g geriebener Cheddar
- Salz und schwarzer Pfeffer, frisch gemahlen

FÜR DEN BELAG:

- 100 g frische Semmelbrösel
- 50 g geriebener Cheddar

Salzwasser in einem großen Topf zum Kochen bringen und die Makkaroni zusammen mit einem Schuß Olivenöl hineinschütten. In etwa 10 Minuten die Nudeln bißfest kochen, dabei gelegentlich umrühren. Abgießen und in eine flache feuerfeste Form füllen. Beseite stellen. Den Backofen auf 200 °C vorheizen.

Für die Sauce die Butter in einem großen Topf zerlassen und das Mehl anschwitzen. Nach und nach die Milch angießen und sorgfältig verrühren, damit sich keine Klümpchen bilden.

Die Sauce vorsichtig unter ständigem Rühren aufkochen und andicken lassen. Senf und Käse unterziehen und mit Salz und gemahlenem schwarzen Pfeffer abschmecken. Weitere 1–2 Minuten erhitzen, bis der Käse geschmolzen ist.

Die Käsesauce über die Makkaroni-Paprika-Mischung gießen und mit einem Löffel vermengen. Dann die Zutaten für den Belag darüberstreuen und das Ganze gut 30 Minuten goldgelb und kroß überbacken.

Nudeln mit drei Saucen

Dieses Gericht ist ideal, wenn man Gäste erwartet, weil es einen Tag im voraus zubereitet und im Kühlschrank aufbewahrt werden kann. Die Saucen erst unmittelbar vor dem Servieren erhitzen.

ERGIBT 4–6 PORTIONEN

450 g Spaghetti

ein Schuß Olivenöl

50 g Butter

100 g Parmesan, frisch gerieben

Salz und schwarzer Pfeffer, frisch gemahlen

FÜR DIE SAUCEN:

3 rote Paprikaschoten, entkernt und gewürfelt

2 grüne Paprikaschoten, entkernt und gewürfelt

1 gelbe Paprikaschote, entkernt und gewürfelt

800 ml Gemüsefond

2 TL Tomatenmark

1 EL frische Petersilie, gehackt

1/2 TL Kurkuma, gemahlen

Salz und schwarzer Pfeffer, frisch gemahlen

Salzwasser in einem großen Topf zum Kochen bringen und die Spaghetti zusammen mit einem Schuß Olivenöl hineinschütten. In etwa 10 Minuten die Nudeln bißfest kochen, dabei gelegentlich umrühren. Abgießen und in den Topf zurückschütten. Butter und Parmesan dazugeben und mit Salz und frisch gemahlenem schwarzen Pfeffer abschmecken. Zugedeckt warm stellen.

Für die Sauce die roten, grünen und gelben Paprikastücke (jede Farbe extra) in einem großen Topf mit kochendem Wasser bedecken. Etwa 10 Minuten kochen lassen, dann abschütten.

Von jeder Sorte zuvor etwa 2 EL zum Garnieren beiseite stellen. Jede Paprikaportion in der Küchenmaschine oder mit dem Pürierstab zu einer glatten Masse verarbeiten; das Gerät vor jedem »Farbwechsel« ausspülen. Paprikapüree jeweils in einen Meßbecher geben und mit Gemüsefond die rote Sauce auf etwa 550 ml, die grüne auf 400 ml und die gelbe auf 250 ml auffüllen.

Das Tomatenmark in die rote Paprikasauce rühren, die gehackte Petersilie in die grüne und die Kurkuma in die gelbe Sauce. Alle drei Saucen mit Salz und frisch gemahlenem schwarzen Pfeffer abschmecken.

Die Saucen eventuell aufwärmen, in drei Saucieren oder Pfännchen füllen und zu den Käsespaghetti servieren.

Paprika-Nudel-Soufflé

Ein ideales Rezept für ein romantisches Rendezvous. Allerdings dürfen Sie die Uhr nicht aus den Augen lassen. Bevor Sie das Soufflé aus dem Ofen nehmen, müssen alle am Tisch sitzen, denn es fällt leicht in sich zusammen!

ERGIBT 2 PORTIONEN

100 g frische grüne Tagliatelle

ein Schuß plus 2 EL Olivenöl

1 Knoblauchzehe, zerdrückt

250 g verschiedenfarbige Paprikaschoten, entkernt und in feine Streifen geschnitten

2 EL frischer Oregano, gehackt

FÜR DAS SOUFFLÉ:

40 g plus etwas Butter zum Einfetten

20 g Mehl

325 ml Milch

25 g Parmesan, frisch gerieben

4 Eier, getrennt

Salzwasser in einem großen Topf zum Kochen bringen und die Tagliatelle zusammen mit einem Schuß Olivenöl hineinschütten. 3–5 Minuten bißfest kochen, abgießen und grob zerhacken. Beiseite stellen.

Das restliche Olivenöl in einer großen Pfanne erhitzen und den Knoblauch darin etwa 1–2 Minuten anbraten, dann die Paprikastreifen und den Oregano hinzufügen. Zugedeckt bei geringer Hitze den Paprika etwa 10 Minuten garen, dabei gelegentlich umrühren. Vom Herd nehmen und beiseite stellen. Den Backofen auf 200 °C vorheizen.

Für das Soufflé zwei 400-ml-Förmchen mit Butter einfetten. Die 40 g Butter in einem Topf zerlassen, das Mehl darüberstäuben und anschwitzen. Nach und nach bei schwacher Hitze die Milch angießen und eine glatte Sauce daraus kochen.

Den Parmesan unterziehen und die Eidotter nacheinander hineinrühren. Mit den gehackten Tagliatelle vermengen, bis sie gleichmäßig mit Sauce überzogen sind.

Die kalten Eiweiße in einer sauberen, trokkenen Schüssel steif schlagen, unter die Tagliatelle heben und die Masse dann auf die Förmchen verteilen. Auf jedes Förmchen etwas Paprikamischung geben und 20–25 Minuten backen, bis die Soufflés aufgehen und goldgelb sind. Sofort servieren.

4 **Pasta** *mit Kohl*

Röschensuppe

Ein hübsches, leckeres Süppchen als Auftakt für ein feines Menü. Sie können es ohne weiteres vorbereiten und vor dem Anrichten kurz aufwärmen.

ERGIBT 4–6 PORTIONEN

- 25 g Butter
- 2 Knoblauchzehen, zerdrückt
- 350 g kleine Brokkoli-, Blumenkohl- und Romanescoröschen
- 100 g beliebige kleine Nudeln
- gut 1 l Gemüsefond
- Salz und schwarzer Pfeffer, frisch gemahlen

Die Butter in einem großen Topf zerlassen und den Knoblauch darin etwa 2 Minuten anbraten. Die Röschen hinzufügen und rund 5 Minuten weitergaren, bis sie weich werden; dabei gelegentlich umrühren.

Die Nudeln zu den Röschen in den Topf geben, 1–2 Minuten mitschmoren und den Gemüsefond angießen. Mit Salz und Pfeffer würzen und zugedeckt aufkochen. 10 Minuten köcheln lassen, bis die Nudeln bißfest und die Röschen gar sind. Mit warmem, frischem Brot servieren.

Gratin von Mini-Blumenkohl und -Brokkoli

Minigemüse wirken edel, sind aber zugleich auch witzig anzusehen. Wenn Sie dieses Rezept für Kinder abwandeln möchten, lassen Sie nur den Wein weg.

ERGIBT 4 PORTIONEN

350 g Casareccie (eingerollte Nudelstücke)

ein Schuß Olivenöl

50 g Butter

Salz und schwarzer Pfeffer, frisch gemahlen

6 Mini-Blumenkohl

6 Mini-Brokkolistrünke

1 Rezept Käsesauce (siehe Seite 9)

3 EL trockener Weißwein

2 EL Schlagsahne (mind. 30 % Fett)

75 g reifer Cheddar, gerieben

Salzwasser in einem großen Topf zum Kochen bringen und die Casareccie zusammen mit einem Schuß Olivenöl hineinschütten. In etwa 10 Minuten die Nudeln bißfest kochen, dabei gelegentlich umrühren. Abgießen, in den Topf zurückschütten und warm stellen.

Salzwasser in einem großen Topf zum Kochen bringen und Brokkoli und Blumenkohl hineingeben. Etwa 5 Minuten kochen, bis das Gemüse bißfest ist. Abgießen, in den Topf zurückschütten und warm stellen.

Die Käsesauce in einen Topf geben und Wein und Sahne hineinrühren. Unter ständigem Rühren etwa 5 Minuten erhitzen.

Die Nudeln auf vier vorgewärmte Teller verteilen und das Gemüse darauf anrichten. Mit der Käsesauce begießen und mit Käse bestreuen. Sofort servieren.

Gnocchetti sardi mit Brokkoli und Tomaten

Ein wunderbares, leichtes Mittag- oder Abendessen. Kaufen Sie leuchtend grüne, sehr feste Brokkolistrünke und kochen Sie sie möglichst kurz, damit Farbe und Biß erhalten bleiben.

ESTRAGON

ERGIBT 4 PORTIONEN

- 350 g Gnocchetti sardi (kleine Nudelklößchen)
- ein Schuß Olivenöl
- 75 g Butter
- 350 g kleine Brokkoliröschen
- 1 Knoblauchzehe, gehackt
- 2 TL frischer Rosmarin, gehackt
- 2 TL frischer Oregano, gehackt
- Salz und schwarzer Pfeffer, frisch gemahlen
- 200 g Dosentomaten, gehackt
- 1 EL Tomatenmark
- frische Kräuter zum Garnieren

Salzwasser in einem großen Topf zum Kochen bringen und die Gnocchetti sardi zusammen mit einem Schuß Olivenöl hineinschütten. Etwa 6 Minuten kochen, bis die Nudeln bißfest sind, dabei gelegentlich umrühren. Abgießen, in den Topf zurückschütten und warm stellen.

In der Zwischenzeit die Butter in einer großen Pfanne zerlassen. Brokkoli, Knoblauch, Rosmarin und Oregano dazugeben und mit Salz und frisch gemahlenem schwarzen Pfeffer würzen. Zugedeckt bei geringer Hitze etwa 5 Minuten bißfest garen.

Die gehackten Tomaten und das Tomatenmark dazugeben und gut umrühren. Die Gnocchetti sardi hinzufügen und vorsichtig unterheben. Mit frischen Kräutern bestreut sofort servieren.

Buchweizennudeln mit Wirsing

Buchweizennudeln oder auch »pizzoccheri« sind eine Spezialität Norditaliens. Bei uns bekommt man sie in Feinkostgeschäften. Vollkorn- oder Eier-Tagliatelle eignen sich als Alternative.

ERGIBT 6 PORTIONEN

- 350 g Buchweizennudeln
- 250 g Wirsing, in Streifen geschnitten
- 250 g Kartoffeln, geschält und gewürfelt
- ein Schuß Olivenöl
- 150 g Butter
- 2 Knoblauchzehen, gehackt
- 4 EL frischer Salbei, gehackt
- eine Prise Muskatnuß, frisch abgerieben
- 200 g Fontina, gewürfelt
- 100 g frisch geriebener Parmesan

Salzwasser in einem großen Topf zum Kochen bringen und die Buchweizennudeln zusammen mit Kohl und Kartoffeln sowie einem Schuß Olivenöl hineingeben. 10–15 Minuten kochen, bis alles bißfest ist, dabei gelegentlich umrühren. Abgießen und zugedeckt warm stellen.

In der Zwischenzeit die Butter in einer großen Pfanne erhitzen und darin Knoblauch und Salbei etwa 1 Minute anbraten. Vom Herd nehmen und beiseite stellen.

Eine Schicht Nudeln und Gemüse in eine vorgewärmte Servierschale geben und mit etwas Muskatnuß, einem Teil der Käsewürfel und etwas Parmesan bestreuen.

Weitere Schichten auftragen, dann über das Ganze die heiße Knoblauchbutter gießen. Die Nudeln etwas andrücken, damit die Butter sich verteilt, und sofort servieren.

Gnocchetti sardi mit Brokkoli und Tomaten

Geschmorter Rotkohl-Nudel-Auflauf

Ein herzhaftes Alltagsgericht für die ganze Familie. Dazu paßt Kartoffelpüree.

ERGIBT 4 PORTIONEN

- 250 g Zite (kurze Makkaroni)
- ein Schuß Olivenöl
- 50 g Butter
- 1 Zwiebel, gewürfelt
- 2 Knoblauchzehen, zerdrückt
- 1 EL frischer Thymian, gehackt
- 450 g Rotkohl, gehackt
- 75 g Sultaninen
- 50 g geröstete Pinienkerne
- Salz und schwarzer Pfeffer, frisch gemahlen
- 175 g reifer Cheddar, gerieben

Salzwasser in einem großen Topf zum Kochen bringen und die Zite zusammen mit einem Schuß Olivenöl hineinschütten. In etwa 10 Minuten die Nudeln bißfest kochen; gelegentlich umrühren. Abgießen und beiseite stellen. Den Backofen auf 200 °C vorheizen.

Die Butter in einer großen Pfanne erhitzen und darin Knoblauch und Zwiebeln 3 Minuten anbraten. Den gehackten Rotkohl, die Sultaninen und Pinienkerne hinzufügen und mit Salz und frisch gemahlenem schwarzen Pfeffer abschmecken. Zugedeckt 10 Minuten schmoren, bis der Kohl gar ist, dabei gelegentlich umrühren.

Die Zite unterheben, dann die Masse in eine flache feuerfeste Form füllen. Den geriebenen Cheddar darüber streuen und 20 Minuten goldgelb backen. Sofort servieren.

Blumenkohl-Käse-Gratin

Ein tolles »gemüsiges« Hauptgericht. Reichen Sie dazu knackig gekochte grüne Bohnen und Kartoffelpüree, und alle werden begeistert sein.

ERGIBT 4 PORTIONEN

75 g beliebige kleine Nudeln

ein Schuß Olivenöl

900 g Blumenkohlröschen, geputzt

50 g Butter

Salz und schwarzer Pfeffer, frisch gemahlen

FÜR DEN BELAG:

75 g Haferflocken

75 g gemahlene Haselnüsse

75 g gemahlene Mandeln

1 kleine Zwiebel, sehr fein gewürfelt

1 Knoblauchzehe, zerdrückt

1 TL getrockneter Thymian

Salz und schwarzer Pfeffer, frisch gemahlen

50 g Butter

50 g reifer Cheddar, gerieben

Salzwasser in einem großen Topf zum Kochen bringen und die Nüdelchen zusammen mit einem Schuß Olivenöl hineinschütten. In etwa 5 Minuten bißfest kochen, dabei gelegentlich umrühren. Abgießen, abschrecken und gründlich abtropfen lassen.

Die Blumenkohlröschen in einen großen Topf mit kochendem Wasser geben und in 10–15 Minuten bißfest kochen. Abschütten, das Kochwasser jedoch auffangen. Den Blumenkohl in den Topf zurückgeben. Etwa ein Drittel des Blumenkohls mit 50 g Butter in der Küchenmaschine pürieren, dabei soviel von der Garflüssigkeit angießen, daß eine sämige Sauce entsteht. Das Blumenkohlpüree zu den übrigen Röschen geben, mit Salz und Pfeffer abschmecken. Die Mischung in eine flache feuerfeste Form füllen und beiseite stellen. Den Backofen auf 180 °C vorheizen.

Für den Belag die Nudeln in einer Rührschüssel mit den Haferflocken, Nüssen und Mandeln sowie Zwiebeln, Knoblauch und Thymian vermengen. Mit Salz und frisch gemahlenem schwarzen Pfeffer abschmecken und 50 g Butter unterziehen, bis eine krümelige Streuselmasse entsteht, die wie grobe Semmelbrösel aussieht.

Diese Masse auf der Blumenkohlmischung verteilen und mit Käse bestreuen. 35 Minuten backen, bis der Auflauf goldgelb und kroß ist.

Gefüllter Kohl

Gefüllter Kohl

Über dieses imposante Gericht werden Verwandte und Freunde staunen! Dabei ist es rasch und einfach zubereitet.

ERGIBT 4–6 PORTIONEN

200 g Vollkorn-Makkaroni

ein Schuß plus etwas Olivenöl zum Einfetten

200 g kleine Blumenkohlröschen

300 ml Tomatensauce (siehe Seite 9)

15 g Parmesan, frisch gerieben

50 g reifer Cheddar, gerieben

2 EL frische Petersilie, gehackt

Salz und schwarzer Pfeffer, frisch gemahlen

5 große Wirsingblätter ohne Strünke

frische Kräuter zum Garnieren

Salzwasser in einem großen Topf zum Kochen bringen und die Makkaroni zusammen mit einem Schuß Olivenöl hineinschütten. In etwa 10 Minuten die Nudeln bißfest kochen, dabei gelegentlich umrühren. Abgießen und beiseite stellen.

In der Zwischenzeit die Blumenkohlröschen in kochendem Wasser blanchieren, abschütten und in eine Schüssel geben. Die Makkaroni, Tomatensauce, Parmesan und Cheddar sowie gehackte Petersilie hinzufügen und mit Salz und Pfeffer würzen. Vollständig abkühlen lassen.

Den Backofen auf 180 °C vorheizen. Die Kohlblätter in kochendem Wasser blanchieren, abschrecken und abtropfen lassen. Mit Küchenpapier trockentupfen und eine eingefettete Puddingform von gut 1 Liter Fassungsvermögen damit auskleiden. Die Blätter sollten einander überlappen, den Boden bedecken und auch ein gutes Stück über den oberen Rand der Form hängen.

Die abgekühlte Nudelmischung in diese Form füllen und fest andrücken. Die Füllung mit den überhängenden Blättern verschließen. Die Oberfläche mit gefetteter Alufolie abdecken und das Ganze auf der mittleren Schiene des Backofens rund 25–30 Minuten backen. Etwa 10 Minuten ruhen lassen und dann auf eine Servierplatte stürzen. Mit frischen Kräutern garniert servieren.

Kohl mit Bavettine

Für dieses Rezept brauchen Sie praktisch nur Sachen aus dem Vorratsschrank, zumal Sie jede beliebige Kohlsorte verwenden können. Auch die Nudelsorte kann variieren, je nachdem, was Sie da haben.

ERGIBT 4–6 PORTIONEN

450 g Bavettine (lange, dünne, flache Nudeln)

ein Schuß plus 3 EL Olivenöl

3 Knoblauchzehen, zerdrückt

1 Zwiebel, fein gewürfelt

3 EL frischer Rosmarin, gehackt

350 g gemischter Kohl, z.B. Brokkoli, Blumenkohl, Grün- und Weißkohl, in Röschen oder geraspelt

Salz und schwarzer Pfeffer, frisch gemahlen

etwas Öl und frisch geriebener Parmesan, zum Bestreuen

Salzwasser in einem großen Topf aufkochen und die Bavettini zusammen mit einem Schuß Olivenöl hineinschütten. Etwa 10 Minuten kochen, dabei gelegentlich umrühren. Abgießen und beiseite stellen.

Das restliche Öl in einer großen Pfanne erhitzen und Knoblauch, Zwiebeln und Rosmarin darin etwa 3 Minuten anbraten.

Den zerkleinerten Kohl hinzufügen und mit Salz und Pfeffer würzen. Etwa 10 Minuten schmoren, bis das Gemüse bißfest ist.

Die gekochten Bavettini hineingeben und weitere 3 Minuten schmoren, dabei häufig umrühren. Den Kohl gut mit den übrigen Zutaten vermengen.

Mit etwas Olivenöl beträufeln und mit Parmesan bestreut servieren.

Mangold mit Fusilli chinesische Art

Dieses blitzschnelle, gesunde Gericht eignet sich hervorragend als leichter Mittagsimbiß.

ERGIBT 4–6 PORTIONEN

- 350 g Fusilli (Spiralnudeln)
- ein Schuß Olivenöl
- 3 EL Sesamöl
- 3 Knoblauchzehen, zerdrückt
- 100 g Möhren, geschält und zu dünnen »Blättern« geschnitten
- 150 g zarte Mangoldblätter ohne Stiele, in Streifen geschnitten
- 75–90 ml dunkle Sojasauce
- 25 g geröstete Sesamsaat

Die Fusilli zusammen mit einem Schuß Olivenöl in etwa 10 Minuten bißfest kochen, dabei gelegentlich umrühren. Abgießen und beiseite stellen.

Das Sesamöl im Wok oder einer großen Bratpfanne erhitzen und den Knoblauch darin 30 Sekunden unter stetem Rühren braten, dann die Möhrenstreifen hinzufügen. Noch 3–4 Minuten braten, dann die Mangoldstreifen hinzufügen. Nochmals 2–3 Minuten braten, dabei ständig weiterrühren.

Die Sojasauce angießen, Sesam und die Fusilli hinzufügen. Noch 2 Minuten erhitzen, dann sofort servieren.

TIP

Für hauchdünne »Blätter« schälen Sie die Möhren mit einem Sparschäler, und schneiden Sie damit auch dünnste Scheiben ab.

Stilton-Brokkoli-Suppe mit Tortelloni

Ein üppiges, würziges Gericht, das reichlich Nährstoffe und viele sättigende Zutaten enthält, so daß auch der größte Hunger schnell gestillt wird.

ERGIBT 4–6 PORTIONEN

- 250 g frische Tortelloni (mit Ihrer Lieblingsfüllung)
- ein Schuß Olivenöl
- 50 g Butter
- 1 Knoblauchzehe, zerdrückt
- 500 g Brokkoli, geputzt
- gut 1 l Gemüsefond
- 100 g Stilton-Käse, zerbröselt
- Salz und schwarzer Pfeffer, frisch gemahlen
- 5 EL Sahne

Salzwasser in einem großen Topf aufkochen und die Tortelloni zusammen mit einem Schuß Olivenöl hineinschütten. Etwa 5 Minuten kochen, bis die Nudeln bißfest sind; gelegentlich umrühren. Abgießen und beiseite stellen.

Die Butter in einer Pfanne erhitzen und den Knoblauch darin etwa 2 Minuten anbraten. Die Brokkolistücke hinzugeben und etwa 5 Minuten weiterbraten, dabei häufig wenden.

Den Gemüsefond zum Brokkoli geben und langsam aufkochen. Etwa 5 Minuten köcheln lassen, bis der Brokkoli weich ist. Die Suppe – falls nötig portionsweise – in der Küchenmaschine oder dem Mixer pürieren, bis sie glatt ist.

Die Suppe in den zwischenzeitlich gespülten Topf zurückschütten und bei geringer Hitze erwärmen. Den zerbröselten Stilton einrühren und mit Salz und frisch gemahlenem schwarzen Pfeffer abschmecken. Etwa 3 Minuten kochen, bis der Käse geschmolzen ist. Sahne und Tortelloni unterziehen und weitere 2–3 Minuten erhitzen, dann sofort servieren.

Kohlrouladen mit Nudeln

Dieses Gericht ist im Prinzip einfach zuzubereiten und dennoch sehr eindrucksvoll. Man kann es am Vortag zubereiten und im Kühlschrank aufbewahren. Vor dem Servieren nur noch 20 Minuten im Backofen erhitzen.

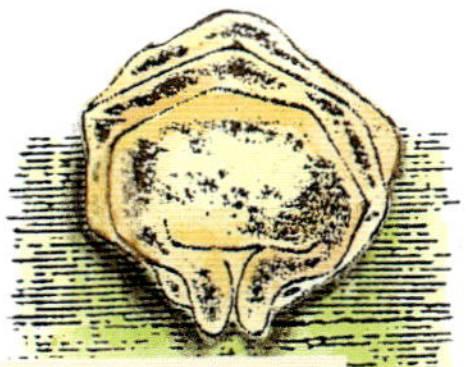

TORTELLINI

ERGIBT 4 PORTIONEN

- 75 g Gnocchetti sardi (Nudelklößchen) oder beliebige andere kleine Nudeln
- ein Schuß Olivenöl
- 8 große Wirsingblätter ohne Strünke

FÜR DIE FÜLLUNG:

- 2 EL Olivenöl
- 2 Knoblauchzehen, zerdrückt
- 2 Möhren, geschält und geraspelt
- 2 Zucchini, geraspelt
- 4 Tomaten, gehäutet, entkernt und gehackt
- 50 g Walnüsse, gehackt
- Salz und schwarzer Pfeffer, frisch gemahlen

FÜR DIE SAUCE:

- 400 g Dosentomaten, gehackt
- 4 EL trockener Rotwein
- 150 ml Gemüsefond
- 1 EL getrockneter Oregano
- 1 Zwiebel, sehr fein gewürfelt
- Salz und schwarzer Pfeffer, frisch gemahlen

Salzwasser in einem großen Topf zum Kochen bringen und die Nudeln zusammen mit einem Schuß Olivenöl hineinschütten. In etwa 10 Minuten die Nudeln bißfest kochen, dabei gelegentlich umrühren. Abgießen und zugedeckt beiseite stellen.

Die Kohlblätter in kochendem Wasser blanchieren, sofort unter kaltem Wasser abschrecken und abtropfen lassen. Mit Küchenpapier gründlich trockentupfen und für später beiseite stellen.

Für die Füllung das Olivenöl in einer großen Pfanne erhitzen und darin den Knoblauch etwa 1 Minute anbraten, dann die geraspelten Möhren und Zucchini hinzugeben und weitere 3–4 Minuten garen, dabei gelegentlich umrühren.

Die 4 gehackten Tomaten, Walnüsse und Nudeln dazugeben. Mit Salz und frisch gemahlenem schwarzen Pfeffer abschmecken. Rund 5 Minuten schmoren, dabei gelegentlich umrühren, dann beiseite stellen und abkühlen lassen.

Alle Zutaten für die Sauce in einen Topf geben und aufkochen. Etwa 20–30 Minuten unter gelegentlichem Rühren offen einkochen lassen. Etwas abkühlen lassen, dann in der Küchenmaschine glattpürieren. Beiseite stellen. Den Backofen auf 200 °C vorheizen.

Die blanchierten Kohlblätter mit der gewölbten Seite nach unten auf der Arbeitsfläche ausbreiten und die Nudelmischung jeweils in die Mitte des Blattes legen. Die Blattränder an allen Seiten über die Füllung schlagen und mit einem Zahnstocher verschließen.

Die gefüllten Blätter in eine flache feuerfeste Form legen und die Sauce rundherum angießen. Mit Alufolie abdecken und circa 20 Minuten backen. Sofort servieren, etwas Sauce separat dazu reichen.

Lasagnette mit Blumenkohl und Brokkoli

Verlangen Sie reifen Pecorino oder »Pecorino sardo«, beides sind Hartkäse. Als Alternative bietet sich Parmesan an.

ERGIBT 6 PORTIONEN

- 350 g weiße und rote Lasagnette (Nudelstreifen mit Wellenrand)
- ein Schuß plus 5 EL Olivenöl
- 250 g kleine Blumenkohlröschen
- 250 g kleine Brokkoliröschen
- 2 Knoblauchzehen, zerdrückt
- 75 g frisch geriebener Pecorino
- eine Prise Muskatnuß, frisch gerieben
- 2 EL frische Petersilie, gehackt
- Salz und schwarzer Pfeffer, frisch gemahlen

Salzwasser in einem großen Topf zum Kochen bringen und die Lasagnette zusammen mit einem Schuß Olivenöl hineinschütten. In etwa 10 Minuten die Nudeln bißfest kochen, dabei gelegentlich umrühren. Abgießen und beiseite stellen.

Zwei Töpfe mit Wasser zum Kochen bringen und darin Blumenkohl und Brokkoli etwa 8–10 Minuten kochen. Abgießen und beiseite stellen.

Das restliche Olivenöl in einer großen Pfanne erhitzen und darin den Knoblauch etwa 1 Minute anbraten. Blumenkohl, Brokkoli, Lasagnette, etwa zwei Drittel des Pecorinos, Muskatnuß und Petersilie hinzufügen. Mit Salz und frisch gemahlenem schwarzen Pfeffer abschmecken. Gut vermischen, dann in eine vorgewärmte Servierschale füllen und mit dem restlichen Pecorino bestreut sofort servieren.

Spaghetti mit Blumenkohlsauce

Eine aparte Variante der bekannteren Spaghettisaucen mit Käse. Dieses Rezept wird sicherlich Schule machen!

ERGIBT 4–6 PORTIONEN

450 g Spaghetti

ein Schuß Olivenöl

25 g Butter

25 g Parmesan, frisch gerieben

schwarzer Pfeffer, frisch gemahlen

FÜR DIE SAUCE:

50 g Butter

2 Knoblauchzehen, zerdrückt

3 EL frische Petersilie, gehackt

350 g Blumenkohlröschen, feingehackt

50 g Mehl

200 ml Gemüsefond

250 ml Milch

Salz und schwarzer Pfeffer, frisch gemahlen

150 g geriebener reifer Cheddar, plus etwas zusätzlich zum Bestreuen

Salzwasser in einem großen Topf zum Kochen bringen und die Spaghetti zusammen mit einem Schuß Olivenöl hineinschütten. In etwa 10 Minuten die Nudeln bißfest kochen, dabei gelegentlich umrühren. Abgießen und in den Topf zurückschütten. Die Butter und den Parmesan unterrühren. Mit frisch gemahlenem schwarzen Pfeffer würzen, dann zugedeckt warm stellen.

Für die Sauce die Butter in einer großen Pfanne erhitzen und darin Knoblauch und Petersilie etwa 2 Minuten anbraten, dann den Blumenkohl hinzufügen. Umrühren und zugedeckt rund 8 Minuten schmoren, bis der Blumenkohl anfängt weich zu werden.

Das Mehl einrühren, dann nach und nach Gemüsefond und Milch angießen; immer gründlich verrühren, damit sich keine Klümpchen bilden.

Allmählich unter ständigem Rühren die Sauce aufkochen, bis sie andickt. Mit Salz und frisch gemahlenem schwarzen Pfeffer abschmecken und den geriebenen Cheddar unterziehen. Weitere 2–3 Minuten unter Rühren kochen, bis der Käse geschmolzen ist. Die Spaghetti auf vorgewärmte Teller geben und die Blumenkohlsauce darübergeben. Mit etwas zusätzlichem Cheddar bestreuen.

Cannelloni mit Mangold und Walnüssen

Mit einem knackigen grünen Salat serviert, kommen die sämige Käsesauce und die Walnußfüllung besonders gut zur Geltung. Frischer Spinat ist eine akzeptable Alternative zu Mangold.

BASILIKUM

ERGIBT 4 PORTIONEN

- 12 Cannelloni-Rollen
- ein Schuß Olivenöl
- Butter zum Einfetten
- 50 g Walnüsse, gehackt

FÜR DIE FÜLLUNG:

- 3 EL Olivenöl
- 1 große Zwiebel, gewürfelt
- 1 Knoblauchzehe, zerdrückt
- 500 g zarter Mangold, in Streifen geschnitten
- 200 g Dosentomaten, gehackt
- 1 TL getrockneter Oregano
- 3 EL frisches Basilikum, gehackt
- 250 g Ricotta
- 75 g frische Vollkornsemmelbrösel
- 50 g Walnüsse
- eine großzügige Prise Muskatnuß, frisch gerieben
- Salz und schwarzer Pfeffer, frisch gemahlen

FÜR DIE KÄSESAUCE:

- 25 g Butter
- 25 g Mehl
- 250 ml Milch
- 50 g Fontina, gerieben

Salzwasser in einem großen Topf zum Kochen bringen und die Cannelloni zusammen mit einem Schuß Olivenöl hineinschütten. In etwa 10 Minuten die Nudeln bißfest kochen, dabei gelegentlich umrühren. Abgießen und mit kaltem Wasser abschrecken. Abtropfen lassen, mit Küchenpapier trockentupfen und beiseite stellen.

Für die Füllung das Olivenöl in einer großen Pfanne erhitzen und darin Knoblauch und Zwiebeln 2–3 Minuten anbraten, dann Mangold, Tomaten und Oregano hinzugeben. Etwa 5 Minuten unter häufigem Rühren schmoren, bis die Flüssigkeit vollständig verdunstet ist. Vom Herd nehmen und abkühlen lassen.

Die Mangoldmischung in der Küchenmaschine pürieren. Basilikum, Ricotta, Semmelbrösel, Walnüsse und Muskatnuß hinzufügen. Alles glattrühren und mit Salz und Pfeffer abschmecken.

Für die Sauce die Butter in einem Topf zerlassen. Mit Mehl bestäubt 1 Minute anschwitzen. Nach und nach die Milch angießen und erhitzen, bis die Sauce andickt. Den geriebenen Fontina hineingeben.

Den Backofen auf 190 °C vorheizen. Eine feuerfeste Form einfetten. Mit einem Teelöffel die Cannelloni einzeln füllen und nebeneinander in die Form legen.

Die Käsesauce gleichmäßig über die Cannelloni gießen. Mit Walnüssen bestreuen und etwa 30 Minuten backen, bis die Oberfläche goldgelb ist und Blasen wirft.

TIP

Anstelle der getrockneten Cannelloni-Röhren kann man auch frische Lasagneblätter verwenden. 1/2 Rezept Nudelteig herstellen (siehe Seite 8) und 5 mm dick ausrollen. In große Rechtecke (10 cm × 15 cm) schneiden und die Füllung entlang der kurzen Seite daraufgeben. Ordentlich aufrollen und mit den überlappenden Enden nach unten in die Form legen.

Rosenkohl-suppe mit Mandeln

Eine wärmende, fein aromatische Suppe, die sich hervorragend als Vorspeise für Gäste eignet. Sie können die Suppe bis zu zwei Tage im voraus zubereiten und brauchen sie vor dem Servieren nur noch zu erhitzen.

ERGIBT 4–6 PORTIONEN

- 50 g Butter
- 1 Knoblauchzehe, zerdrückt
- 2 TL frischer Rosmarin, gehackt
- 250 g Rosenkohl, fein geraspelt
- 100 g Ditalini rigati (kleine, kurze gerillte Röhrennudeln)
- 50 g geröstete Mandelblättchen
- 1,5 l Gemüsefond
- Salz und schwarzer Pfeffer, frisch gemahlen
- 4 EL Sahne
- Parmesan, frisch gerieben, zum Bestreuen

Die Butter in einer Pfanne erhitzen und Knoblauch und Rosmarin darin etwa 2 Minuten anbraten. Den Rosenkohl hineingeben und weitere 3–4 Minuten schmoren, dabei gelegentlich umrühren. Nudeln und Mandelblättchen hinzugeben. Umrühren und noch 1–2 Minuten weitergaren, dann den Gemüsefond angießen und mit Salz und frisch gemahlenem schwarzen Pfeffer abschmecken.

Zugedeckt rund 10 Minuten köcheln lassen. Die Sahne einrühren, dann in Suppentellern mit Parmesan bestreut servieren.

5 Pasta *mit Mischgemüse*

Gemüsesuppe mit Korianderblättern

Diese erfrischende Suppe eignet sich ausgezeichnet als Vorspeise oder als leichtes Mittagessen.

ERGIBT 4–6 PORTIONEN

gut 1 l Gemüsefond

200 g beliebige Nudeln

ein Schuß Olivenöl

100 g Möhren, in feinen Scheiben

200 g TK-Erbsen

6 EL frischer Koriander, gehackt

Salz und schwarzer Pfeffer, frisch gemahlen

Den Gemüsefond in einem großen Topf zum Kochen bringen und die Nudeln zusammen mit einem Schuß Olivenöl hineinschütten. Etwa 5 Minuten kochen, bis die Nudeln bißfest sind, dabei gelegentlich umrühren, dann die Möhren hinzufügen.

Weitere 5 Minuten kochen, dann die Erbsen und den Koriander hineingeben. Mit Salz und frisch gemahlenem schwarzen Pfeffer abschmecken und rund 10 Minuten köcheln lassen, bis die Nudeln und Möhren weich sind, dabei gelegentlich umrühren. Wenn Sie mögen, servieren Sie die Suppe mit frisch geriebenem Käse.

Minestrone

Von dieser klassischen Suppe gibt es zahllose Varianten. Servieren Sie dazu warmes, krosses Knoblauchbrot.

ERGIBT 4–6 PORTIONEN

- 5 EL kaltgepreßtes Olivenöl
- 3 Knoblauchzehen, zerdrückt
- 500 g Möhren, geschält und fein gewürfelt
- 500 g Zucchini, fein gewürfelt
- 75 g beliebige kleine Nudeln
- 5 EL frische Petersilie, gehackt
- 50 g Gemüsepaste
- 1,5 l kräftiger Gemüsefond
- Salz und schwarzer Pfeffer, frisch gemahlen
- Parmesan, frisch gerieben, zum Bestreuen

Das Olivenöl in einem großen Topf erhitzen und darin den Knoblauch etwa 2 Minuten anbraten, dann die Möhren- und Zucchiniwürfel hinzufügen. Etwa 5 Minuten garen, dabei gelegentlich umrühren.

Die Nudeln und die Petersilie zum Gemüse geben, die Gemüsepaste und -brühe hinzufügen und mit Salz und frisch gemahlenem schwarzen Pfeffer abschmecken.

Zugedeckt rund 30 Minuten köcheln lassen, bis Gemüse und Nudeln gar sind und sich ein angenehmes Aroma entwickelt. Mit frisch geriebenem Parmesan servieren.

Nudel-Paella

Nahrhaft und köstlich ist dieses dem volkstümlichen spanischen Vorbild nachempfundene, hier allerdings mit Nudeln zubereitete Pfannengericht. Geeignet ist jede beliebige Nudelform, und eine Mischung wäre sogar besonders interessant.

ERGIBT 6–8 PORTIONEN

500 g Farfalle (Schmetterlingsnudeln)

1 TL Kurkuma, gemahlen

ein Schuß plus 3 EL Olivenöl

2 Knoblauchzehen, zerdrückt

1 Gemüsezwiebel

1 rote Paprikaschote, entkernt und gehackt

100 g junge Möhren

100 g Mini-Maiskolben

100 g Kaiserschoten

100 g frische Spargelspitzen

75 g schwarze Oliven

15 g Mehl

Salzwasser in einem großen Topf zum Kochen bringen und die Farfalle zusammen mit der Kurkuma und einem Schuß Olivenöl hineinschütten. In etwa 10 Minuten die Nudeln bißfest kochen, dabei gelegentlich umrühren. Abgießen, die Flüssigkeit jedoch auffangen, und beides beiseite stellen.

Das restliche Olivenöl in einer großen Pfanne erhitzen und Knoblauch und Zwiebeln darin etwa 3 Minuten anbraten. Paprika, Möhren und Mais hinzufügen und umrühren. 2–3 Minuten braten, dann die Kaiserschoten, Spargelspitzen, Oliven und Farfalle unterrühren. Weitere 2–3 Minuten garen, dann das Mehl darüberstäuben und gut untermischen. 1 Minute erhitzen, dann nach und nach 450 ml der aufbewahrten Kochflüssigkeit angießen. 2–3 Minuten kochen, bis die Sauce Blasen wirft und dicklich wird. Direkt mit der Pfanne auf den Tisch bringen oder in eine Servierschüssel füllen.

Tagliarini mit Böhnchen und Knoblauch

Ob als köstlicher kalter Sommersalat oder warm als Hauptgericht oder als Gemüsebeilage bietet sich dieses Rezept für praktisch jede Gelegenheit an.

ROTELLE

ERGIBT 4–6 PORTIONEN

- 350 g Tagliarini (flache Spaghetti)
- ein Schuß plus 4 EL Olivenöl
- 350 g Keniabohnen, geputzt
- 250 g Kartoffeln, in 1 cm große Würfel geschnitten
- 3 Knoblauchzehen, zerdrückt
- 5 EL frischer Salbei, gehackt
- Salz und schwarzer Pfeffer, frisch gemahlen
- Parmesan, frisch gerieben, zum Bestreuen

Salzwasser in einem großen Topf zum Kochen bringen und die Tagliarini zusammen mit einem Schuß Olivenöl hineinschütten. In etwa 10 Minuten die Nudeln bißfest kochen, dabei gelegentlich umrühren. Abgießen und beiseite stellen.

Die Bohnen und die Kartoffelwürfel in einem großen Topf mit kochendem Wasser etwa 10 Minuten garen. Abschütten, gut abtropfen lassen und warm stellen.

Das restliche Olivenöl in einer großen Pfanne erhitzen und Knoblauch und Salbei darin 2–3 Minuten anbraten, mit Salz und frisch gemahlenem schwarzen Pfeffer würzen. Die gekochten Bohnen und Kartoffeln hinzufügen. Weitere 1–2 Minuten garen, dann die gekochten Tagliarini unterheben und alles gründlich vermengen.

Etwa 5 Minuten weiterkochen, dabei gelegentlich umrühren. In eine vorgewärmte Schüssel füllen und mit frisch geriebenem Parmesan bestreut servieren.

Fettuccine mit Knoblauch-Rahmspinat

Dieses würzige Rezept ist im Handumdrehen zubereitet. Servieren Sie es sofort, großzügig mit Parmesan bestreut .

ERGIBT 4–6 PORTIONEN

500 g Fettuccine

ein Schuß Olivenöl

25 g Butter

3 Knoblauchzehen, zerdrückt

450 g TK-Spinat, aufgetaut, gut abgetropft und gehackt

250 ml Sahne

eine Prise Muskatnuß, frisch gerieben

Salz und schwarzer Pfeffer, frisch gemahlen

50 g frisch geriebener Parmesan plus eine Extraportion

Salzwasser in einem großen Topf zum Kochen bringen und die Fettuccine zusammen mit einem Schuß Olivenöl hineinschütten. In etwa 8 Minuten die Nudeln bißfest kochen, dabei gelegentlich umrühren. Abgießen und zugedeckt warm stellen.

Die Butter in einer großen Pfanne erhitzen und den Knoblauch darin 1–2 Minuten anbraten, dann den gehackten Spinat dazugeben. Bei mittlerer Hitze 5 Minuten schmoren, dabei gelegentlich umrühren. Die Flüssigkeit soll vollständig verdampfen.

Die Sahne angießen und mit Muskatnuß, Salz und Pfeffer abschmecken. Die Fettuccine und den Parmesan unterheben und noch 1 Minute garen, dann sofort servieren. Etwas Parmesan separat dazu reichen.

Gefüllte Zucchini

Die delikate Kombination von milder Zucchini mit dem erfrischenden Korianderaroma wird durch die süßliche Sojasauce noch unterstützt. Füllung und Sauce lassen sich gut einen Tag im voraus zubereiten. Erwärmen Sie die Sauce, während die Zucchini im Backofen sind.

ERGIBT 4–6 PORTIONEN

- 100 g Vermicelli (sehr dünne Spaghetti), in kleine Stücke gebrochen
- ein Schuß Olivenöl
- 4 mittelgroße Zucchini
- Walnüsse, feingehackt, zum Garnieren

FÜR DIE FÜLLUNG:

- 150 ml süße Sojasauce
- 1 Knoblauchzehe, zerdrückt
- 50 g Pilze, sehr feingehackt
- 3 EL frischer Koriander, gehackt
- 25 g Walnußkerne, sehr feingehackt
- Salz und schwarzer Pfeffer, frisch gemahlen

FÜR DIE SAUCE:

- 4 EL Olivenöl
- 2 Knoblauchzehen, zerdrückt
- 25 g frischer Koriander, gehackt
- Salz und schwarzer Pfeffer, frisch gemahlen
- 3 EL Gemüsefond

Salzwasser in einem großen Topf zum Kochen bringen und die Vermicelli zusammen mit einem Schuß Olivenöl hineinschütten. Etwa 5 Minuten kochen, bis die Nudeln bißfest sind, dabei gelegentlich umrühren. Abgießen und beiseite stellen.

Von jeder Zucchini längs einen Streifen abschneiden und diesen fein hacken. Mit einem Teelöffel die Zucchini aushöhlen und das Fleisch grob hacken. Die ausgehöhlten Zucchini in eine flache feuerfeste Form legen und beiseite stellen. Den Backofen auf 200 °C vorheizen.

Für die Füllung Sojasauce und Knoblauch allmählich in einer großen Pfanne erhitzen. Etwa 1 Minute kochen, dann die Pilze und gehackten Zucchini hinzufügen. Weitere 5 Minuten unter gelegentlichem Rühren kochen, dann den Koriander dazugeben. Noch 2–3 Minuten weitergaren, dann die gehackten Walnüsse einrühren und mit Salz und frisch gemahlenem schwarzen Pfeffer abschmekken. Nochmals 1–2 Minuten garen, dann die gekochten Vermicelli unterheben.

Vom Herd nehmen und mit einem Teelöffel die Zucchini füllen, auch etwas von der Füllung rings um die Zucchini in die Form legen. Mit Alufolie abdecken und 25–30 Minuten backen, bis die Zucchini gar sind.

In der Zwischenzeit alle Zutaten für die Sauce in der Küchenmaschine pürieren. In einen kleinen Topf füllen und langsam erwärmen. Die gefüllten Zucchini aus dem Ofen nehmen, mit gehackten Walnüssen bestreuen und zusammen mit der Koriandersauce servieren.

Provenzalische grüne Bohnen mit Nudeln

Eine wunderbare Zubereitungsart für grüne Bohnen. Servieren Sie das Gericht ganz heiß, mit viel geriebenem Parmesan.

ERGIBT 4–6 PORTIONEN

- 2 EL Olivenöl
- 3 Knoblauchzehen, zerdrückt
- 1 Zwiebel, gewürfelt
- 3 EL frischer Thymian, gehackt
- 450 g Keniabohnen, geputzt
- 400 g Dosentomaten, gehackt
- 50 g Tomatenmark
- 450 ml Gemüsefond
- 150 ml trockener Rotwein
- Salz und schwarzer Pfeffer, frisch gemahlen
- 500 g beliebige Nudeln
- 25 g Butter
- Parmesan, frisch gerieben

Das Olivenöl in einer großen Pfanne erhitzen und Knoblauch und Zwiebeln darin 3 Minuten anbraten. Thymian, Bohnen, Tomaten, Tomatenmark, Gemüsefond und Wein dazugeben, mit Salz und frisch gemahlenem schwarzen Pfeffer abschmecken und gründlich umrühren. Zugedeckt bei geringer Hitze 25–30 Minuten schmoren, bis die Bohnen bißfest sind, dann ohne Deckel mindestens weitere 5–8 Minuten eindicken lassen, dabei gelegentlich umrühren.

In der Zwischenzeit Salzwasser in einem großen Topf zum Kochen bringen und die Nudeln zusammen mit einem Schuß Olivenöl hineinschütten. In etwa 10 Minuten die Nudeln bißfest kochen, dabei gelegentlich umrühren. Abgießen und in den Topf zurückschütten. Die Butter und frisch gemahlenen schwarzen Pfeffer dazugeben und vorsichtig verrühren.

Die Bohnen mit den heißen Butternudeln und frisch geriebenem Parmesan servieren.

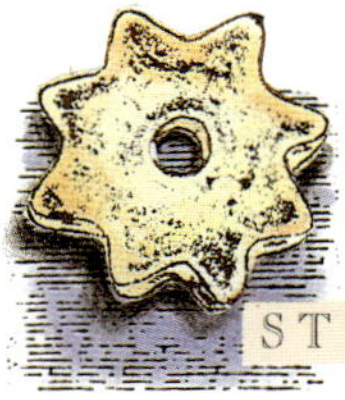

Kokos-Gemüse mit Nudeln

Dieses Rezept sollten Sie einen Tag im voraus zubereiten, damit sich das Aroma richtig entfalten kann. Kokoscreme bekommt man in gut sortierten Supermärkten.

ERGIBT 4–6 PORTIONEN

- 3 EL Olivenöl
- 2 Knoblauchzehen, zerdrückt
- 1 Zwiebel, gewürfelt
- 2 TL gemahlener Kreuzkümmel
- 2 TL gemahlener Koriander
- 250 g Kokoscreme, gehackt
- 700 ml kochendes Wasser
- Salz und schwarzer Pfeffer, frisch gemahlen
- 1 Gemüse-Brühwürfel
- 250 g Möhren, gewürfelt
- 250 g Zucchini, gewürfelt
- 5 Stangen Staudensellerie, gehackt
- 1/2 kleiner Blumenkohl, in Röschen zerteilt
- 100 g Mini-Maiskolben
- 5 EL frischer Koriander, gehackt
- 350 g frische Linguine (dünne, flache Nudelstreifen)

Das Olivenöl in einer großen Pfanne erhitzen und Knoblauch, Zwiebeln, Kreuzkümmel und Koriander darin etwa 3 Minuten anbraten, dabei gelegentlich umrühren, bis die Zwiebel weich ist.

Die im kochenden Wasser aufgelöste Kokoscreme in die Pfanne geben. Gut umrühren und mit Salz und frisch gemahlenem Pfeffer würzen. Den Brühwürfel dazugeben und rühren, bis er sich aufgelöst hat.

Das Gemüse und den Koriander hinzufügen und gut vermischen. Zugedeckt rund 15–20 Minuten unter gelegentlichem Rühren schmoren, bis das Gemüse weich ist. Ohne Deckel weitere 5 Minuten garen, bis die Sauce etwas andickt.

In der Zwischenzeit Wasser in einem großen Topf aufkochen und die Linguine zusammen mit einem Schuß Olivenöl hineinschütten. Die Nudeln in etwa 4 Minuten bißfest kochen, dabei gelegentlich umrühren. Abgießen und zum Gemüse servieren.

Nudel-körbchen mit Gemüse

Das Spezialgerät, das man für dieses Rezept braucht, heißt in Frankreich *nid d'oiseau*, zu Deutsch »Vogelnest« oder auch Nestbacklöffel. Er besteht aus zwei ineinandergelegten Körbchen mit langen Griffen. Üblicherweise macht man damit Nester aus rohen Kartoffeln, in diesem Fall jedoch aus Vermicelli-Nudeln.

ERGIBT 4 PORTIONEN

100 g Vermicelli

ein Schuß Olivenöl

Pflanzenöl zum Fritieren

FÜR DIE FÜLLUNG:

2 EL Sesamöl

2 Knoblauchzehen, zerdrückt

100 g Mini-Maiskolben

100 g Kaiserschoten

2 Möhren, in dünne Scheiben geschnitten

3 EL Sojasauce

1 EL geröstete Sesamsaat

Salzwasser in einem großen Topf zum Kochen bringen und die Vermicelli zusammen mit einem Schuß Olivenöl hineinschütten. Etwa 5 Minuten kochen, bis die Nudeln bißfest sind, dabei gelegentlich umrühren. Abgießen und beiseite stellen.

Das Fritieröl erhitzen und die gekochten Vermicelli in den Nestbacklöffel füllen. Sollten Sie keinen haben, fritieren Sie die Vermicelli portionsweise. Etwa 3–5 Minuten in dem heißen Öl belassen, bis die Nudeln kroß und goldgelb sind. Den Nudelkorb aus dem Nestbacklöffel gleiten und auf Küchenpapier abtropfen lassen. Drei weitere Körbchen auf die gleiche Weise backen. Die Körbe oder losen Vermicelli auf vier Tellern anrichten und zugedeckt beiseite stellen.

Für die Füllung das Sesamöl in einer Pfanne erhitzen und den Knoblauch darin gut 1 Minute anbraten. Mais, Kaiserschoten und Möhrenscheiben dazugeben, umrühren und 3–5 Minuten braten. Die Sojasauce angießen und mit der Sesamsaat bestreuen. Weitere 2 Minuten schmoren, dann in die Nudelkörbchen füllen oder auf einem Vermicelli-Bett anrichten und servieren.

Grüne Erbsenravioli mit Käsesauce

Frische Pfefferminze schmeckt unsagbar aromatischer als getrocknete, deshalb sollten Sie bei diesem köstlichen Gericht unbedingt das frische Kraut verwenden.

ERGIBT 6 PORTIONEN

2/3 Rezept Nudelteig (siehe Seite 8), dabei jedoch anstatt Öl und Wasser 90 ml Spinatflüssigkeit hinzufügen

1 Rezept Käsesauce (siehe Seite 9)

FÜR DIE FÜLLUNG:

2 EL Olivenöl

1 Zwiebel, sehr fein gewürfelt

250 g TK-Erbsen

3 EL frische Pfefferminze, gehackt

1 Ei, mit 2 TL Tomatenmark verquirlt, zum Bestreichen

ein Schuß Olivenöl

frische Minzezweige zum Garnieren

Die Käsesauce in einem Topf und den frischen Nudelteig in Klarsichtfolie gewickelt bei Zimmertemperatur bereithalten.

Für die Raviolifüllung das Olivenöl in einer Pfanne erhitzen und die Zwiebeln darin etwa 3 Minuten anbraten. Die gefrorenen Erbsen hinzugeben und zugedeckt 7 Minuten garen, dabei gelegentlich umrühren. Die Minze unterheben und die Pfanne vom Herd nehmen. Mit Salz und frisch gemahlenem schwarzen Pfeffer abschmecken.

Die Füllung etwas abkühlen lassen, dann in der Küchenmaschine – nicht zu fein – pürieren. Die Struktur sollte noch etwas grob sein. Vollständig erkalten lassen.

Für die Ravioli den Nudelteig halbieren. Die eine Hälfte zu einem Rechteck von gut 35 cm × 25 cm Kantenlänge ausrollen. Die Kanten gerade abschneiden. Das Rechteck

mit Klarsichtfolie abdecken, damit der Teig nicht austrocknet. Die andere Hälfte des Teigs ebenso ausrollen, Kanten jedoch nicht beschneiden. Mit Klarsichtfolie abdecken.

In Reihen mit je 2 cm Zwischenraum jeweils einen halben Teelöffel der Füllung auf die gerade beschnittene Teigplatte setzen. Das verquirlte Ei zwischen den Reihen verstreichen, so daß ein Gitter entsteht.

Das zweite Rechteck auf das erste legen und die Füllung durch leichten Druck auf den Teig »versiegeln«, dabei die Füllung etwas flachdrücken. Mit einem scharfen Messer oder Teigrädchen die Platte in quadratische Ravioli zerschneiden.

Salzwasser in einem großen Topf zum Kochen bringen und die Ravioli zusammen mit einem Schuß Olivenöl hineingleiten lassen. Etwa 5 Minuten kochen, bis die Ravioli bißfest sind, dabei gelegentlich umrühren. Abschütten und zugedeckt warm stellen.

In der Zwischenzeit die Käsesauce erhitzen. Die Sauce über die Ravioli geben und mit frischer Minze servieren.

TIP

Für 90 ml Spinatsaft dünsten Sie 250 g frisch gehackten Spinat, gewaschen und noch feucht, 5 Minuten lang in einer geschlossenen Pfanne. Den Spinat durch ein Sieb passieren; dabei soviel Flüssigkeit wie möglich herauspressen. Falls erforderlich, mit etwas Wasser bis zur benötigten Menge auffüllen.

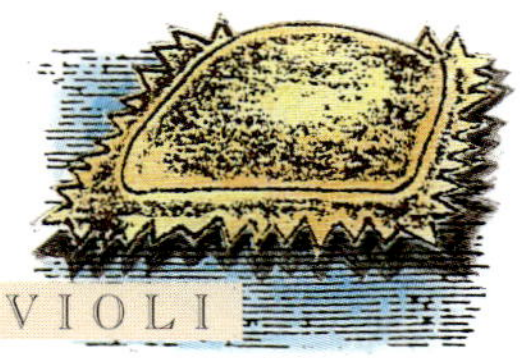

RAVIOLI

China-Gemüse mit Glasnudeln

Zu China-Gemüse passen am besten Glasnudeln (aus Reis- oder Mungbohnenmehl). Sie können aber auch »normale« Nudeln verwenden. Das Gemüse ist im Handumdrehen fertig.

ERGIBT 3–4 PORTIONEN

2 EL Sesamöl

1 TL frischer Ingwer, gehackt

2 Knoblauchzehen, zerdrückt

50 g blanchierte Mandeln, gehackt

6 Frühlingszwiebeln, in 5 cm lange Stücke geschnitten

250 g Kaiserschoten

100 g Möhren, in 5 cm lange Stücke geschnitten

1 rote Paprikaschote, entkernt und in feine Streifen geschnitten

300 ml Gemüsefond

3 EL dunkle Sojasauce

3 EL trockener Sherry

3 EL Marantastärke (oder Mondamin)

100 g Sojabohnensprossen, geputzt

Salz und schwarzer Pfeffer, frisch gemahlen

250 g Glasnudeln

Das Sesamöl in einem Wok oder einer Pfanne erhitzen und Ingwer und Knoblauch darin knapp 1 Minute unter stetem Rühren anbraten. Die gehackten Mandeln und alle Gemüsesorten hinzufügen und 1–2 Minuten wenden, dann Gemüsefond, Sojasauce und Sherry angießen. Gut vermischen und noch 2 Minuten weiterkochen.

In einer kleinen Schüssel die Marantastärke mit 1 EL kaltem Wasser ohne Klümpchen glattrühren. Mit dem Gemüse vermischen und 2 Minuten garen, dann die Sojasprossen dazugeben und mit Salz und frisch gemahlenem Pfeffer abschmecken. Nochmals 1–2 Minuten kochen, bis die Sauce etwas angedickt ist. Dazu nach Packungsvorschrift zubereitete Glasnudeln servieren.

Nudel-Rahm-Auflauf mit Lauch

Dieses Gericht schmeckt heiß aus dem Ofen genauso lecker wie gut gekühlt an einem warmen Sommertag. Dazu reichen Sie am besten einen knackigen grünen Salat.

ERGIBT 6–8 PORTIONEN

- 100 g Orecchiette (Öhrchennudeln)
- ein Schuß plus 3 EL Olivenöl
- etwas Mehl zum Bestäuben der Arbeitsfläche
- 350 g Blätterteig, TK-Ware aufgetaut
- 2 Knoblauchzehen, zerdrückt
- 500 g Lauch, gewaschen, geputzt und in 2,5 cm lange Stücke geschnitten
- 2 EL frischer Thymian, gehackt
- 2 Eier, verquirlt
- 150 ml Sahne
- Salz und schwarzer Pfeffer, frisch gemahlen
- 75 g roter Leicestershire-Käse, gerieben

Salzwasser in einem großen Topf aufkochen und die Orecchiette zusammen mit einem Schuß Olivenöl hineinschütten. 10 Minuten kochen, dabei gelegentlich umrühren. Abgießen und beiseite stellen.

Die Arbeitsfläche mit etwas Mehl bestreuen und den Blätterteig ausrollen. Eine gefettete Springform von ca. 25 cm Durchmesser damit auslegen und etwa 10 Minuten in den Kühlschrank stellen.

Den Backofen auf 190 °C vorheizen. Das restliche Olivenöl in einer Pfanne erhitzen und Knoblauch, Lauch und Thymian darin 5 Minuten anbraten. Die Orecchiette unterheben und 2–3 Minuten erhitzen.

Die verquirlten Eier in einer Rührschüssel mit der Sahne verrühren. Mit Salz und frisch gemahlenem Pfeffer würzen.

Lauch-Nudel-Mischung gleichmäßig in die Springform füllen. Darüber die Eiersahne gießen und mit Käse bestreuen. 30 Minuten backen, bis die Eimasse gestockt und der Teig knusprig ist.

Spinat-Pilz-Lasagne

Die Lasagne läßt sich gut vorbereiten: Sie braucht nur noch in den Ofen geschoben zu werden, wenn Ihre Gäste eintreffen, und ist deshalb sehr gastgeberfreundlich. Sie können sich entspannt unterhalten, während das Essen ganz alleine gart.

ERGIBT 6 PORTIONEN

- Butter zum Einfetten
- 250 g frische Lasagne
- 1/2 Rezept Käsesauce (siehe Seite 9)
- 50 g frisch geriebener Parmesan

FÜR DIE FÜLLUNG:

- 2 EL Olivenöl
- 2 Knoblauchzehen, zerdrückt
- 1 Zwiebel, gewürfelt
- 250 g Pilze, blättrig geschnitten
- 600g TK-Spinat, aufgetaut und gut abgetropft
- eine großzügige Prise Muskatnuß, frisch gerieben
- 450 g Weichkäse, Vollfettstufe
- Salz und schwarzer Pfeffer, frisch gemahlen

Zunächst wird die Füllung zubereitet. Das Olivenöl in einer großen Pfanne erhitzen und Knoblauch und Zwiebeln darin etwa 3 Minuten anbraten. Anschließend die Pilze hinzufügen und weitere 5 Minuten dünsten, dabei gelegentlich umrühren. Spinat und Muskatnuß dazugeben und wiederum 5 Minuten garen, dann den Weichkäse einrühren und mit Salz und frisch gemahlenem schwarzen Pfeffer abschmecken. 3–4 Minuten garen, bis der Käse geschmolzen ist und sich gut mit dem Spinat vermischt hat. Den Backofen auf 200 °C vorheizen.

Eine feuerfeste Form einfetten und eine Schicht Lasagne auf den Boden der Form legen. Etwas Spinatmasse gleichmäßig darauf verteilen, dann eine zweite Schicht Lasagneblätter darauflegen. Schichtweise befüllen, bis beides aufgebraucht ist. Zum Schluß mit Käsesauce übergießen.

Die Lasagne mit Parmesan bestreuen und in rund 40 Minuten goldgelb backen. Der Käse sollte Blasen werfen.

Spargelravioli mit Tomatensauce

Ideal für Besuch, weil man das Gericht gut vorbereiten kann. Die Ravioli können sogar schon lange vor der Party zubereitet und eingefroren werden; man gibt sie unaufgetaut direkt ins kochende Wasser. Die Sauce macht man einige Stunden, bevor man sie braucht, und wärmt sie vor dem Servieren auf.

ERGIBT 6 PORTIONEN

2/3 Rezept Nudelteig, dabei 1 EL Tomatenmark mit den Eiern verquirlen (siehe Seite 8)

1 Rezept Tomatensauce (siehe Seite 9)

1 Ei, verquirlt, zum Bepinseln

ein Schuß Olivenöl

frische Kräuter, gehackt, zum Garnieren

FÜR DIE FÜLLUNG:

2 EL Olivenöl

1 Knoblauchzehe, zerdrückt

1 Zwiebel, sehr fein gewürfelt

250 g frischer Spargel, sehr feingehackt

Salz und schwarzer Pfeffer, frisch gemahlen

Den frischen Nudelteig in Klarsichtfolie gewickelt bei Zimmertemperatur bereithalten. Die Tomatensauce in einen Topf geben, sie wird später erhitzt.

Für die Raviolifüllung das Olivenöl in einer Pfanne erhitzen und Knoblauch und Zwiebeln darin etwa 3 Minuten anbraten. Den gehackten Spargel hinzugeben und mit Salz und frisch gemahlenem schwarzen Pfeffer würzen. Den Spargel in etwa 10 Minuten bißfest kochen. Beiseite stellen und vollständig erkalten lassen.

Für die Ravioli den Nudelteig halbieren. Die eine Hälfte zu einem Rechteck von gut 35 cm × 25 cm Kantenlänge ausrollen. Die Kanten gerade abschneiden. Das Rechteck mit Klarsichtfolie abdecken, damit der Teig nicht austrocknet. Die andere Hälfte des Teiges ebenso ausrollen, diesmal jedoch die Kanten nicht beschneiden.

In Reihen mit je 2 cm Zwischenraum jeweils einen halben Teelöffel der Füllung auf die gerade beschnittene Teigplatte setzen. Das verquirlte Ei zwischen den Reihen verstreichen, so daß ein Gitter entsteht.

Das zweite Rechteck auf das erste legen und die Füllung durch leichten Druck auf den Teig »versiegeln«, dabei die Füllung etwas flachdrücken, so daß kleine Päckchen enstehen. Mit einem scharfen Messer oder einem Teigrädchen zwischen den Reihen die Platte in quadratische Ravioli zerteilen.

Salzwasser in einem großen Topf zum Kochen bringen und die Ravioli zusammen mit einem Schuß Olivenöl hineingleiten lassen. Etwa 6 Minuten kochen, bis die Ravioli bißfest sind, dabei gelegentlich umrühren. Abschütten und zugedeckt warm stellen.

In der Zwischenzeit die Tomatensauce erhitzen. Die Sauce über die Ravioli geben und mit gehackten frischen Kräutern bestreut servieren.

Verdure con Vermicelli

Ein leckeres Sommergericht, das warm oder kalt gegessen werden kann. Reichen Sie dazu knuspriges Baguette.

ERGIBT 4–6 PORTIONEN

- 350 g Vermicelli (lange, dünne Spaghetti)
- ein Schuß Olivenöl
- 25 g Butter
- 350 g Kaiserschoten, längs in Streifen geschnitten
- 250 g Zucchini, längs in Streifen geschnitten
- 75 g Oliven mit Paprikafüllung, in Scheiben geschnitten
- Salz und schwarzer Pfeffer, frisch gemahlen
- 2 EL frische Petersilie, gehackt
- 2 EL frische Minze, gehackt
- ein Schuß frisch gepreßter Limettensaft

ALS GARNITUR:

- frische Kräuter
- Limettenscheiben

Salzwasser in einem großen Topf zum Kochen bringen und die Vermicelli zusammen mit einem Schuß Olivenöl hineinschütten. Etwa 5 Minuten kochen, bis die Nudeln bißfest sind, dabei gelegentlich umrühren. Abgießen und beiseite stellen.

Die Butter in einer großen Pfanne erhitzen und Kaiserschoten und Zucchinistreifen darin etwa 5 Minuten anbraten, dabei gelegentlich umrühren.

Die übrigen Zutaten mit Ausnahme des Limettensaftes hinzufügen und noch 5 Minuten garen, gelegentliches Umrühren nicht vergessen. Die Vermicelli unterheben und zusammen 2–3 Minuten erhitzen. Dann den Limettensaft darübergeben und mit frischen Kräutern und Limettenscheiben garniert servieren.

6 **Pasta** *mit Hülsenfrüchten*

Linsen-Koriander-Lasagne

Von diesem Gericht kann man gut mehrere Portionen zubereiten und vor dem Garen einfrieren. Unaufgetaut im Backofen bei 190 °C 50–60 Minuten goldgelb backen.

ERGIBT 1 PORTION

- 75 g rote Linsen, gewaschen und abgetropft
- 1 Zwiebel, grob gehackt
- 450 ml kochendes Wasser
- 1 EL Olivenöl plus etwas Öl zum Einfetten
- 1 Knoblauchzehe, zerdrückt
- 3 EL frischer Koriander, gehackt
- 75 g Pilze, blättrig geschnitten
- 2 TL süße Sojasauce
- 1 EL Tomatenmark
- Salz und schwarzer Pfeffer, frisch gemahlen
- 1 frisches Lasagneblatt (ca. 20 cm × 10 cm), halbiert
- 1/2 Rezept Käsesauce (siehe Seite 9)
- 25 g roter Leicestershire-Käse, gerieben

Die Linsen und die gehackte Zwiebel in einem großen Topf mit kochendem Wasser übergießen. Aufkochen und ca. 15 Minuten köcheln lassen. Abschütten und beiseite stellen. Den Backofen auf 200 °C vorheizen.

Das Olivenöl in einer großen Pfanne erhitzen und Knoblauch und Koriander darin etwa 1 Minuten anbraten, dann die Pilze dazugeben. Rund 4 Minuten dünsten und süße Sojasauce und Tomatenmark hinzufügen; mit Salz und Pfeffer abschmecken. Die Linsen hineingeben, umrühren und etwa 5 Minuten bei geringer Hitze köcheln lassen.

Eine flache feuerfeste Form einfetten und ein Lasagneblatt auf den Boden der Form legen. Die Hälfte der Linsenmasse gleichmäßig darauf verteilen, dann ein zweites Lasagneblatt darauflegen. Die restliche Linsenmasse gleichmäßig darauf verteilen und mit Käsesauce übergießen. Mit Käse bestreut rund 20 Minuten backen.

TIP

Für dieses Gericht kann man ausgezeichnet Reste hausgemachter Nudeln verwenden. Weil man nur wenig Nudeln braucht, lohnt es sich nicht, extra welche zuzubereiten.

ROTELLE

Mais-Limabohnen-Auflauf

Dosenbohnen eignen sich am besten für dieses Gericht und sind außerdem sehr praktisch.

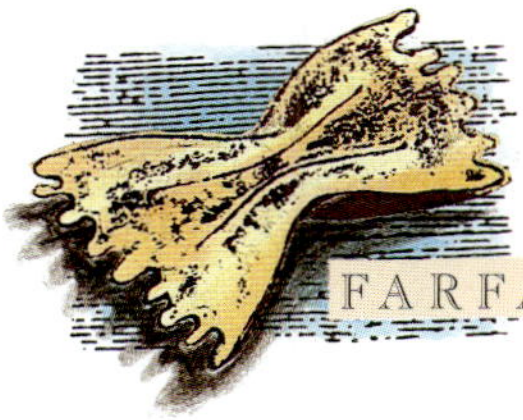

FARFALLE

ERGIBT 4 PORTIONEN

- 75 g Farfalline (kleine Schmetterlingsnudeln)
- ein Schuß Olivenöl
- 3 EL Sonnenblumenöl
- 2 Knoblauchzehen, zerdrückt
- 1 Zwiebel, sehr fein gewürfelt
- 3 EL frischer Thymian, gehackt
- 4 Stangen Staudensellerie, gehackt
- 225-g-Dose Limabohnen, abgetropft
- 100 g TK-Maiskörner
- 1 EL Vollkorn-Weizenmehl
- 300 ml Gemüsefond
- Salz und schwarzer Pfeffer, frisch gemahlen

FÜR DEN BELAG:

- 2 EL Sesamsaat
- 2 EL frische Vollkornsemmelbrösel
- Sesamöl zum Beträufeln

Salzwasser in einem großen Topf zum Kochen bringen und die Farfalline zusammen mit einem Schuß Olivenöl hineinschütten. In etwa 8 Minuten die Nudeln bißfest kochen, dabei gelegentlich umrühren. Abgießen und beiseite stellen. Den Backofen auf 180 °C vorheizen.

Das Sonnenblumenöl in einer großen Pfanne erhitzen und Knoblauch, Zwiebeln und Thymian darin etwa 3 Minuten anbraten, bis die Zwiebel glasig ist.

Die gehackte Sellerie dazugeben und weitere 3 Minuten garen, dann die Limabohnen und den Mais hinzugeben. Etwa 5 Minuten unter gelegentlichem Rühren garen, dann das Mehl gleichmäßig unterrühren.

Nach und nach den Gemüsefond angießen und gründlich rühren, dann mit Salz und Pfeffer abschmecken. Nach 5 Minuten Garzeit in eine flache feuerfeste Form füllen.

In einer kleinen Rührschüssel die Sesamsaat mit den Semmelbröseln vermischen und diese Mischung über die Bohnen streuen. Mit etwas Sesamöl beträufeln und gut 20 Minuten backen, bis der Belag kroß ist. Sofort servieren.

Nudeln mit Linsenbällchen in Tomatensauce

Ein tolles Gericht für Kinder. Machen Sie von den Linsenbällchen die doppelte Menge, denn Sie können sie gut verpackt mehrere Tage im Kühlschrank verwahren, dann haben die Kinder etwas Gesundes zu naschen! Servieren Sie die Bällchen mit ihren Lieblingsnudeln als rasch zubereitete, sättigende und zugleich nahrhafte Mahlzeit.

ERGIBT 4–6 PORTIONEN

350 g beliebige Nudeln

ein Schuß Olivenöl

Sonnenblumenöl zum Fritieren

400 g Dosentomaten, gehackt

FÜR DIE LINSENBÄLLCHEN:

100 g grüne Linsen, gewaschen und abgetropft

75 g Walnuß- oder Cashewkerne

1 Bund Frühlingszwiebeln, gehackt

25 g Vollkornsemmelbrösel

1 EL Currypaste

Salz und schwarzer Pfeffer, frisch gemahlen

2 Eier, verquirlt

Die Nudeln mit einem Schuß Öl in etwa 10 Minuten bißfest kochen, dabei gelegentlich umrühren. Abgießen, in den Topf zurückschütten und zugedeckt warm stellen.

Für die Linsenbällchen Salzwasser aufkochen und die Linsen hineingeben. 25 Minuten köcheln lassen, dabei gelegentliches Umrühren nicht vergessen. Abschütten, gut abtropfen und etwas abkühlen lassen.

Die Linsen im Mixer pürieren und die Nüsse, Frühlingszwiebeln, Semmelbrösel, Currypaste sowie Salz und Pfeffer hinzufügen. Glatt pürieren, dann nach und nach die Eier unterziehen, bis eine relativ feste Masse entsteht. Mit angefeuchteten Händen Bällchen formen und auf ein Backblech legen.

Das Öl in der Friteuse erhitzen und die Bällchen portionsweise jeweils ca. 2 Minuten kroß ausbacken. Abtropfen lassen und mit den Tomaten in den Topf mit Nudeln geben.

Bei geringer Hitze gründlich erwärmen, dann sofort servieren.

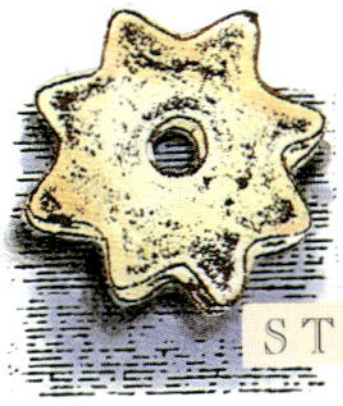

STERNCHEN

Gefüllte Muschelnudeln

Diese Muscheln bilden eine prima Vorspeise und lassen sich auch bei einer Party als Häppchen zum Getränk reichen. Man kann sie gut vorbereiten und ißt sie kalt oder kurz im Ofen aufgewärmt.

ERGIBT 4–6 PORTIONEN

- 12 Conchiglie rigate (große Muschelnudeln)
- ein Schuß Olivenöl

FÜR DIE FÜLLUNG:

- 250 g braune Linsen, gewaschen und abgetropft
- 2 Knoblauchzehen, zerdrückt
- 400 g Dosentomaten, gehackt
- 1 EL Tomatenmark
- 3 EL frisches Basilikum, gehackt
- 50 ml trockener Rotwein
- Salz und schwarzer Pfeffer, frisch gemahlen

FÜR DEN BELAG:

- 25 g feine Semmelbrösel
- 25 g Parmesan, frisch gerieben
- 3 EL frische Petersilie, gehackt

Salzwasser in einem großen Topf aufkochen und die Conchiglie rigate zusammen mit einem Schuß Olivenöl hineinschütten. In etwa 10 Minuten die Nudeln bißfest kochen, dabei gelegentlich umrühren. Abgießen und mit kaltem Wasser abschrecken. Auf Küchenpapier abtropfen lassen.

Die Linsen in einem großen Topf etwa 30 Minuten bißfest kochen. Abschütten und mit kochendem Wasser abspülen.

Knoblauch, gehackte Tomaten, Tomatenmark, Basilikum, Wein, Salz und Pfeffer in eine große Pfanne geben. Aufkochen, dann die Temperatur reduzieren und 2–3 Minuten köcheln lassen. Die Linsen hinzugeben, umrühren und rund 10 Minuten kochen, bis die Flüssigkeit verdampft und die Mischung eingedickt ist.

Mit einem Teelöffel die Muschelnudeln füllen und auf ein Backblech legen. Die Zutaten für den Belag in einer kleinen Rührschüssel mischen und auf die gefüllten Nudeln streuen. Unter dem vorgeheizten Grill in etwa 5 Minuten goldgelb backen.

Orientalischer Nudelsalat

Die traditionelle Kombination von Minze und Zitrone macht diesen Salat zum Favoriten für den Sommer. Servieren Sie dazu warmes Fladenbrot, denn das kann man hinterher in die köstliche Sauce stippen.

ERGIBT 4–6 PORTIONEN

- 350 g Nudeln
- ein Schuß Olivenöl
- 400-g-Dose Kichererbsen, abgetropft
- 4 EL frische Minze, gehackt
- fein abgeriebene Schale von 1 Zitrone

FÜR DIE SALATSAUCE:

- 3 Knoblauchzehen, zerdrückt
- 6 EL kaltgepreßtes Olivenöl
- 3 EL Weißweinessig
- frisch gepreßter Saft von 1 Zitrone
- Salz und schwarzer Pfeffer, frisch gemahlen

Die Nudeln zusammen mit einem Schuß Olivenöl in 10 Minuten bißfest kochen; gelegentlich umrühren. Abgießen und mit kaltem Wasser abschrecken. Abgetropft in eine große Schüssel füllen.

Die Kichererbsen, Minze und Zitronenschale zu den Nudeln geben. Die Zutaten für die Salatsauce in ein Schraubdeckelglas füllen und kräftig schütteln. Über den Salat geben und gründlich vermengen. Zugedeckt mindestens 30 Minuten kalt stellen. Vor dem Servieren nochmals umrühren.

Pasta-Fagioli-Suppe

Diese Suppe sollten Sie als gehaltvolles, dabei kalorienarmes und eiweißreiches Hauptgericht mit aufgebackenem Knoblauchbrot servieren.

ERGIBT 4–6 PORTIONEN

- 2 EL Olivenöl
- 3 Knoblauchzehen, zerdrückt
- 4 EL frische Petersilie, gehackt
- 150 g Gnocchi piccoli (Muscheln) aus Vollkornmehl
- 1,5 l Gemüsefond
- 3 EL Gemüsepaste oder Tomatenmark
- 400-g-Dose gemischte Bohnen, z.B. Borlotti, Kidney, Cannellini o.a., abgetropft
- Salz und schwarzer Pfeffer, frisch gemahlen
- Parmesan, frisch gerieben

Das Öl in einer Pfanne erhitzen und Knoblauch und Petersilie darin 2 Minuten anbraten. Die Gnocchi dazugeben und unter ständigem Rühren 1–2 Minuten mitgaren.

Den Gemüsefond angießen und die Gemüsepaste bzw. das Tomatenmark hineingeben. Aufkochen lassen, dann die Temperatur herunterschalten und etwa 10 Minuten köcheln lassen, bis die Nudeln bißfest sind, dabei gelegentlich umrühren.

Die Bohnen dazugeben und mit Salz und Pfeffer abschmecken. Rund 5 weitere Minuten köcheln lassen, dann mit etwas frisch geriebenem Parmesan bestreut servieren.

RECHTE SEITE: *Pasta-Fagioli-Suppe*

Fusilli mit Kidney-Bohnen

Durch Variation der Chilimenge kann man das Gericht – je nach Geschmack – milder oder schärfer abschmecken.

ERGIBT 4–6 PORTIONEN

- 500 g Fusilli (Spiralnudeln)
- ein Schuß Olivenöl
- zwei 400-g-Dosen Tomaten, gehackt
- 1 Zwiebel, in Ringe geschnitten
- 3 EL frische Petersilie, gehackt
- eine Prise Chilipulver
- Salz und schwarzer Pfeffer, frisch gemahlen
- 2 EL Tomatenmark
- 150 ml trockener Rotwein
- 400-g-Dose Kidney-Bohnen

Salzwasser in einem großen Topf zum Kochen bringen und die Fusilli zusammen mit einem Schuß Olivenöl hineinschütten. In etwa 10 Minuten die Nudeln bißfest kochen, dabei gelegentlich umrühren. Abgießen und beiseite stellen.

Alle übrigen Zutaten mit Ausnahme der Bohnen in eine Pfanne geben und aufkochen. Die Temperatur reduzieren und etwa 10 Minuten köcheln lassen, bis die Flüssigkeit eingekocht ist und die Zwiebeln weich sind.

Die Fusilli und Kidney-Bohnen hinzufügen und zugedeckt rund 5 Minuten garen; gelegentlich umrühren. Sofort servieren.

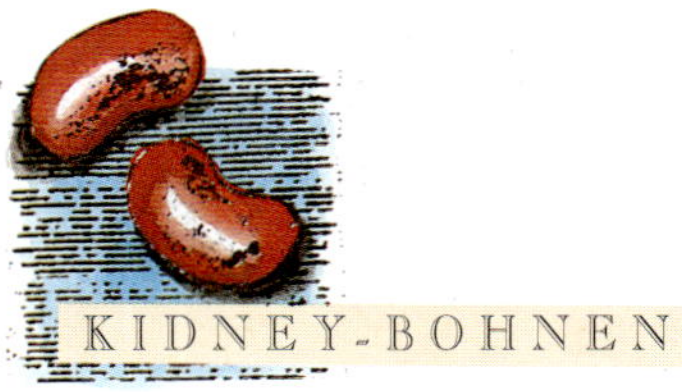

Nudel-Linsen-Frikadellen

Mit Fladenbrot und einem kleinen Salat ist dies eine beliebte Kindermahlzeit.

TORTELLINI

ERGIBT 2–4 PORTIONEN

- 75 g beliebige kleine Nudeln
- ein Schuß Olivenöl
- 200-g-Dose braune Linsen, abgetropft
- 25 g Vollkornsemmelbrösel
- 25 g frisch geriebener Parmesan
- 1 kleine Zwiebel, gewürfelt
- 1 EL frische Petersilie, gehackt
- 4 EL Erdnußbutter
- 1 EL Tomatenmark
- 1 TL Hefeextrakt
- 4 EL heißes Wasser
- Sonnenblumenöl zum Braten

Salzwasser aufkochen und die Nudeln zusammen mit einem Schuß Olivenöl hineinschütten. In etwa 8 Minuten die Nudeln bißfest kochen, dabei gelegentlich umrühren. Abgießen und etwas abkühlen lassen.

In einer großen Rührschüssel die Nudeln mit Linsen, Semmelbröseln, Parmesan, Zwiebel und Petersilie mischen.

Die Erdnußbutter in einer anderen Schüssel mit Tomatenmark, Hefeextrakt und heißem Wasser vermengen. Diese Paste mit den Linsen und Nudeln gründlich vermengen.

Mit angefeuchteten Händen aus der Masse vier gleich große Frikadellen formen. Das Öl in einer Pfanne erhitzen und die Frikadellen von jeder Seite 5 Minuten braten. Heiß oder kalt servieren.

TIP

Linsenfrikadellen kann man auch grillen. Legen Sie die Frikadellen auf ein leicht eingefettetes Backblech und schieben Sie sie für 3–5 Minuten pro Seite unter den vorgeheizten Grill.

Linsen-Pilz-Cannelloni

Sie müssen nicht unbedingt Tomaten-Cannelloni verwenden, doch die rote Farbe ist sehr dekorativ. Getrocknete Cannelloni-Röhren eignen sich dafür übrigens auch.

ERGIBT 4 PORTIONEN

- 1/3 Rezept Nudelteig (siehe Seite 8), dabei 1 EL Tomatenmark mit den Eiern verquirlen
- ein Schuß plus 3 EL Olivenöl
- 250 g braune Linsen, gewaschen und abgetropft
- 3 Knoblauchzehen, zerdrückt
- 2 EL getrockneter Thymian
- 2 × Rezept Pilzsauce (siehe Seite 9)
- 75 g geriebener Cheddar
- gehackte Petersilie zum Garnieren

Den Nudelteig zu einem 40 cm × 40 cm großen Quadrat dünn ausrollen und in insgesamt 16 kleine Quadrate teilen.

Salzwasser in einem großen Topf zum Kochen bringen und die Nudelquadrate portionsweise mit einem Schuß Olivenöl hineingeben. Etwa 3 Minuten kochen, bis die Nudeln bißfest sind. Abgießen und mit kaltem Wasser abschrecken. Mit Küchenpapier abtupfen und beiseite stellen.

Wasser in einem weiteren Topf aufkochen und die Linsen etwa 30 Minuten unter gelegentlichem Rühren bißfest kochen. Abschütten und mit kochendem Wasser überbrühen. Abtropfen lassen und beiseite stellen. Den Backofen auf 180 °C vorheizen.

Das restliche Olivenöl in einer großen Pfanne erhitzen und Knoblauch und Thymian darin etwa 2 Minuten anbraten. Die Linsen dazugeben, umrühren und etwa 5 Minuten garen. Vom Herd nehmen und beiseite stellen. Etwas abkühlen lassen.

Etwas von der Linsenmasse auf den Rand jedes Nudelquadrats geben und ordentlich aufrollen. Die Cannelloni mit den überlappenden Enden nach unten in eine feuerfeste Form legen. Mit Pilzsauce übergießen und mit Käse bestreuen. Etwa 40 Minuten backen, bis die Oberfläche goldgelb ist und Blasen wirft. Mit Petersilie bestreut servieren.

Bohnencurry mit Lasagnette

Lasagnette sind länger als Lasagneblätter und nur etwa 2 cm breit. Sie können für dieses Rezept aber auch jede andere Nudelform verwenden.

ERGIBT 4–6 PORTIONEN

- 300 g Lasagnette (Nudelstreifen mit Wellenrand)
- ein Schuß plus 2 EL Olivenöl
- 2 Knoblauchzehen, zerdrückt
- 1 Zwiebel, gewürfelt
- 3–4 EL milde Currypaste
- 3 EL frischer Koriander, gehackt
- 300 ml Gemüsefond
- zwei 400-g-Dosen gemischte Bohnen, z.B. Augenbohnen, Flageolets, Cannellini o.a., abgetropft

ZUM GARNIEREN:

- frischer Koriander, gehackt
- Limettenspalten

Salzwasser in einem großen Topf zum Kochen bringen und die Lasagnette zusammen mit einem Schuß Olivenöl hineinschütten. In etwa 10 Minuten die Nudeln bißfest kochen, dabei gelegentlich umrühren. Abgießen und in den Topf zurückschütten. Zugedeckt beiseite stellen.

Das restliche Olivenöl in einer großen Pfanne erhitzen und Knoblauch und Zwiebeln darin etwa 5 Minuten unter gelegentlichem Rühren braten. Die Currypaste unterziehen und weitere 2–3 Minuten garen. Den gehackten Koriander und den Gemüsefond hinzufügen und 5 Minuten kochen. Die Bohnen dazugeben und zugedeckt 10 Minuten garen, dabei das gelegentliche Umrühren nicht vergessen.

Das Curry mit gehacktem Koriander bestreuen und mit Limettenspalten garniert zu den Lasagnette servieren.

FLAGEOLETBOHNEN

Gebratene Flageoletbohnen mit Fusilli

Ein Gericht mit schön viel Knoblauch, dessen delikates Aroma durch den frischen Estragon noch verstärkt wird. Servieren Sie es als Hauptgericht oder Beilage.

ERGIBT 2–4 PORTIONEN

- 300 g Fusilli (Spiralnudeln)
- ein Schuß plus 4 EL Olivenöl
- 3 Knoblauchzehen, zerdrückt
- 1 große Zwiebel, in Scheiben geschnitten
- 2 EL frischer Estragon, gehackt
- 400-g-Dose Flageoletbohnen, abgetropft
- Salz und schwarzer Pfeffer, frisch gemahlen

Salzwasser in einem großen Topf aufkochen und die Fusilli mit einem Schuß Olivenöl hineinschütten. In etwa 10 Minuten die Nudeln bißfest kochen, dabei gelegentlich umrühren. Abschütten und beiseite stellen.

Das Olivenöl in einer Pfanne erhitzen und Knoblauch und Zwiebeln darin etwa 5 Minuten anbraten, bis die Zwiebel hellbraun wird. Estragon und Bohnen dazugeben und mit Salz und Pfeffer abschmecken. 2–3 Minuten garen, dann die Fusilli unterheben und weitere 3–5 Minuten erhitzen. Mit einem knackigen grünen Salat servieren.

Winterlicher Eintopf

Dieses vegetarische Gericht können Sie ohne Bedenken auch jedem Fleischfreund anbieten – niemand wird den Eindruck haben, daß irgend etwas fehle.

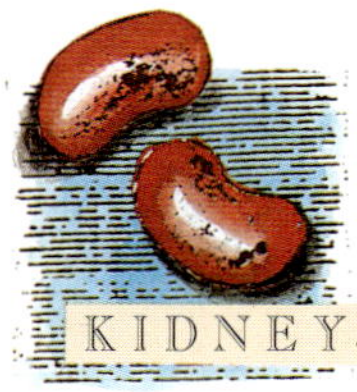

KIDNEY-BOHNEN

ERGIBT 4 PORTIONEN

- 100 g Vollkorn-Radiatori
- ein Schuß plus 2 EL Olivenöl
- 2 Knoblauchzehen, zerdrückt
- 1 Zwiebel, gewürfelt
- 500 g Möhren, in 1 cm große Stücke geschnitten
- 250 g Zuchtchampignons
- 400 g Dosentomaten, gehackt
- je eine 400-g-Dose rote und schwarze Kidney-Bohnen, abgetropft
- 300 ml Gemüsefond
- 1 EL Paprikapulver
- 2 EL süße Sojasauce
- Salz und schwarzer Pfeffer, frisch gemahlen
- 1 EL Speisestärke

Salzwasser in einem großen Topf zum Kochen bringen und die Radiatori zusammen mit einem Schuß Olivenöl hineinschütten. In etwa 10 Minuten die Nudeln bißfest kochen, dabei gelegentlich umrühren. Abschütten und beiseite stellen.

Das restliche Olivenöl in einer großen Pfanne erhitzen und Knoblauch und Zwiebeln darin etwa 3 Minuten anbraten, dabei gelegentlich umrühren. Die Möhren dazugeben und weitere 5 Minuten anbraten.

Die Pilze hinzufügen und weitere 3 Minuten unter Rühren garen, bis die Pilze weich werden. Die übrigen Zutaten mit Ausnahme der Stärke unter die Nudeln heben. Zugedeckt rund 15 Minuten bei geringer Hitze garen lassen, bis das Gemüse noch bißfest ist.

In einer kleinen Schüssel die Speisestärke mit etwas Kochflüssigkeit zu einer glatten Paste verrühren und zum Eintopf geben. Umrühren und unter ständigem Rühren aufkochen und andicken lassen. Vor dem Servieren nochmals 3 Minuten erhitzen.

Gebratene Flageoletbohnen mit Fusilli

Tagliatelle mit Linsensauce

Auch dieses Gericht können Sie im Handumdrehen aus Vorräten zaubern.

LINKE SEITE: *Tagliatelle mit Linsensauce*

ERGIBT 4 PORTIONEN

- 350 g Tagliatelle
- ein Schuß Olivenöl
- 25 g Butter

FÜR DIE SAUCE:

- 2 EL Olivenöl
- 2 Knoblauchzehen, zerdrückt
- 1 große Zwiebel, sehr fein gewürfelt
- 250 g rote Linsen, gewaschen und abgetropft
- 3 EL Tomatenmark
- Salz und schwarzer Pfeffer, frisch gemahlen
- 600 ml kochendes Wasser
- Rosmarinzweige zum Garnieren
- Parmesan, frisch gerieben

Salzwasser in einem großen Topf zum Kochen bringen und die Tagliatelle zusammen mit einem Schuß Olivenöl hineinschütten. In etwa 10 Minuten bißfest kochen, dabei gelegentlich umrühren. Abgießen und in den Topf zurückschütten. Die Butter unterrühren und die Nudeln zugedeckt warm stellen.

Für die Linsensauce das restliche Olivenöl in einem großen Topf erhitzen und Knoblauch und Zwiebeln darin etwa 5 Minuten unter gelegentlichem Rühren weichbraten. Linsen, Tomatenmark, Salz und frisch gemahlenen schwarzen Pfeffer dazugeben und das kochende Wasser angießen. Aufkochen und unter gelegentlichem Rühren 20 Minuten köcheln lassen, bis die Linsen weich sind.

Die Tagliatelle gegebenenfalls bei geringer Hitze nochmals 2–3 Minuten erwärmen und mit der Linsensauce servieren. Legen Sie einige Rosmarinzweige dazu und bestreuen Sie das Gericht mit frisch geriebenem Parmesan.

Vorratskammer-Salat

Verwenden Sie hierfür besonders kleine Nüdelchen und reichen Sie dazu frisches, knusprig aufgebackenes Baguette.

FLAGEOLETBOHNEN

ERGIBT 4–6 PORTIONEN

- 100 g beliebige kleine Nudeln
- ein Schuß Olivenöl
- 400-g-Dose gemischte Bohnen, z.B. Kidney, Cannellini, Flageolets o.a., abgetropft
- 1 rote Paprikaschote, entkernt und sehr fein gewürfelt
- 2 TL getrockneter Oregano

FÜR DIE SALATSAUCE:

- 2 Knoblauchzehen, zerdrückt
- 4 EL kaltgepreßtes Olivenöl
- 2–3 EL Aceto balsamico (Balsamessig)
- 1 TL Tomatenmark
- Salz und schwarzer Pfeffer, frisch gemahlen

Salzwasser in einem großen Topf zum Kochen bringen und die Nüdelchen zusammen mit einem Schuß Olivenöl hineinschütten. In etwa 8 Minuten bißfest kochen, dabei gelegentlich umrühren. Abgießen und mit kaltem Wasser abschrecken. Abtropfen lassen und in eine große Schüssel geben.

Bohnen, Paprika und Oregano dazugeben. Alle Zutaten für die Sauce in ein Glas mit Schraubdeckel füllen und kräftig schütteln. Die Sauce über den Salat geben und gründlich vermengen. Vor dem Servieren mindestens 30 Minuten kalt stellen.

Linsensuppe mit Nudeln

Linsen aus der Dose machen diese Suppe zu einem Expreßrezept. Man bekommt sie in jedem Supermarkt.

ERGIBT 4–6 PORTIONEN

50 g Butter

2 Knoblauchzehen, zerdrückt

75 g beliebige kleine Nudeln

4 EL frische Petersilie, feingehackt

400-g-Dose braune Linsen, abgetropft

1,5 l Gemüsefond

Salz und schwarzer Pfeffer, frisch gemahlen

frisch geriebener Parmesan, zum Bestreuen (nach Belieben)

Die Butter in einer großen Pfanne zerlassen und den Knoblauch darin etwa 2 Minuten unter gelegentlichem Rühren anbraten.

Nudeln und Petersilie hinzufügen und umrühren. Weitere 2–3 Minuten garen, dann die Linsen und die Brühe dazugeben und mit Salz und frisch gemahlenem schwarzen Pfeffer abschmecken.

Die Suppe aufkochen, dann die Temperatur reduzieren und rund 15 Minuten köcheln lassen. Nach Belieben mit frisch geriebenem Parmesan bestreut servieren.

7 Pasta-*Desserts*

Süßer Nudel-auflauf

Ein Nachtisch für Kinder, der sicher auch die Herzen der Erwachsenen erobern wird.

ERGIBT 4 PORTIONEN

100 g Tagliatelle

ein Schuß Sonnenblumenöl

50 g Butter

2 Eier

100 g Zucker

eine Prise gemahlener Zimt

abgeriebene Schale von 1 Zitrone

einige Tropfen Vanillearoma

4 EL Sultaninen

Puderzucker zum Dekorieren

Den Backofen auf 190 °C vorheizen. Tagliatelle in etwa 10 Minuten bißfest kochen, dabei gelegentlich umrühren. Abgießen und mit kaltem Wasser abschrecken. Abtropfen lassen und beiseite stellen.

Die Butter in eine flache feuerfeste Form geben und im Backofen etwa 5 Minuten schmelzen lassen. Aus dem Ofen nehmen und die zerlassene Butter in der Form verstreichen, vor allem am Rand. Beiseite stellen und etwas abkühlen lassen.

In einer Schüssel die Eier mit dem Zucker schaumig schlagen. Zimt, Zitronenschale, Vanillearoma und die noch in der feuerfesten Form verbliebene zerlassene Butter unterziehen. Die Sultaninen und die gekochten Nudeln unterheben und gründlich vermengen, bis sie ganz mit der Eimasse überzogen sind.

Die Nudelmischung gleichmäßig in die vorbereitete Form füllen. Etwa 35–40 Minuten backen, bis die Masse gestockt und oben goldgelb und kroß ist. Etwas abkühlen lassen. Noch warm mit Puderzucker bestäuben und servieren.

Tagliatelle mit Honig, Orangen und Mandeln

Ein rasches, ganz einfaches Dessert. Die Nudeln werden in Butter und Honig geschwenkt – eine wahre Köstlichkeit!

ERGIBT 4–6 PORTIONEN

250 g Eier-Tagliatelle

ein Schuß Sonnenblumenöl

4 Orangen

5 EL flüssiger Honig

25 g hellbrauner Rohrzucker

1 EL Zitronensaft

40 g Butter

75 g Mandelblättchen

Salzwasser in einem großen Topf aufkochen und die Tagliatelle zusammen mit einem Schuß Sonnenblumenöl hineinschütten. In 8–10 Minuten bißfest kochen; gelegentlich umrühren. Abgießen und beiseite stellen.

Während die Nudeln kochen, drei der Orangen schälen und filetieren. Die vierte Orange auspressen und den Saft in einen kleinen Topf gießen. Honig, Zucker und Zitronensaft darin aufkochen. Den Zucker unter Rühren auflösen und 1–2 Minuten zu Sirup einkochen.

Die Butter in einer großen Pfanne zerlassen und darin die Mandelblättchen goldgelb rösten. Die Tagliatelle und den Sirup in die Pfanne geben, erhitzen und zum Schluß vorsichtig die Orangenspalten unterheben. Sofort servieren.

TIP

Reiben Sie von einer Orangenschale ein paar Zesten ab und dekorieren Sie damit das fertige Gericht.

Schoko-Nudel-Torte

Ein prachtvolles, üppiges Dessert für besondere Gelegenheiten. Nehmen Sie hochwertige Schokolade, denn die normale Kuvertüre schmeckt längst nicht so delikat.

ERGIBT 8 PORTIONEN

- 150 g Vermicelli (dünne Spaghetti)
- ein Schuß Sonnenblumenöl plus etwas Öl zum Einpinseln
- 350 g Bitterschokolade, in Stücke gebrochen
- 4 EL Wasser
- 100 g Zucker
- fein abgeriebene Schale von 1 Orange
- 250-g-Dose ungezuckertes Maronenpüree
- 4 EL Weinbrand
- 50 g gemahlene Mandeln
- 50 g Mandelblättchen
- 5 EL Schlagsahne (mind. 30 % Fett)
- Schokoladenblätter zum Dekorieren

Salzwasser in einem großen Topf zum Kochen bringen und die Vermicelli zusammen mit einem Schuß Sonnenblumenöl hineinschütten. In etwa 6 Minuten bißfest kochen, dabei gelegentlich umrühren. Abgießen und mit kaltem Wasser abschrecken. Abtropfen lassen und beiseite stellen.

Eine runde Springform von 18 cm Durchmesser mit Backpapier auskleiden.

250 g Schokolade mit 4 EL Wasser im Wasserbad langsam schmelzen lassen. Beiseite stellen und abkühlen lassen.

In der Zwischenzeit Butter, Zucker und Orangenschale schaumig schlagen, dann das Maronenpüree unterheben.

BIRNE

Die geschmolzene Schokolade, Weinbrand, Mandeln und Nudeln dazugeben und gut verrühren. Die Masse in die vorbereitete Springform füllen und die Oberfläche glattstreichen. Über Nacht kalt stellen.

Die restliche Schokolade und die Sahne in einer kleinen Schüssel im Wasserbad allmählich erhitzen, dabei gelegentlich umrühren. Wenn die Schokolade geschmolzen und glatt ist, die Schüssel aus dem Wasserbad nehmen.

Die Torte aus der Form nehmen und auf ein Drahtgitter legen. Die flüssige Schokolade mit einem flachen Messer gleichmäßig darauf verteilen; auch die Seitenränder bestreichen. Aushärten lassen.

Die Torte auf einer Kuchenplatte mit Schokoladenblättern dekoriert servieren.

TIP

Wenn Sie Schokoladenblätter selbst machen möchten, schmelzen Sie 50 g weiße oder Milchschokolade im Wasserbad. Mit einem Backpinsel die geschmolzene Schokolade auf die Unterseite verschiedener echter kleiner Blätter streichen. Auf Backpapier legen und rund 2 Stunden bei Zimmertemperatur aushärten lassen. Vorsichtig die echten Blätter abziehen und wegwerfen.

Fruchtige Ravioli mit Himbeersauce

Getrocknete Mango und Ananas bekommen Sie im Reformhaus oder Bioladen, eventuell auch im Feinkostgeschäft. Notfalls können Sie auch andere gehackte kandierte Früchte verwenden.

ERGIBT 6–8 PORTIONEN

FÜR DIE FÜLLUNG:

- 100 g getrocknete Aprikosen (nicht einweichen), feingehackt
- 100 g getrocknete Mango oder Ananas, feingehackt
- fein abgeriebene Schale von 1 Orange
- 1/2 TL gemahlener Zimt
- 2 EL Amaretto (Mandellikör)
- 2/3 Rezept Nudelteig (siehe Seite 8) ohne Salz, anstelle des Wassers 1 EL frischen Orangensaft verwenden und die Eier mit der fein abgeriebenen Schale von 1 Orange verquirlen
- 1 Ei, verquirlt
- ein Schuß Sonnenblumenöl

FÜR DIE SAUCE:

- 350 g frische Himbeeren
- 50 g Puderzucker, gesiebt

ZUM DEKORIEREN:

- feingehackte Pistazien
- frische Himbeeren
- Minzeblättchen

Zunächst die Füllung zubereiten: Die Aprikosen-, Mango- und Ananasstücke mischen, die Orangenschale und den Zimt dazugeben und beiseite stellen. Nach Wunsch mit Amaretto beträufeln.

Für die Ravioli den Nudelteig halbieren. Die eine Hälfte zu einem Rechteck von gut 35 cm × 25 cm Kantenlänge ausrollen. Die Kanten gerade abschneiden. Das Rechteck mit Klarsichtfolie abdecken, damit der Teig nicht austrocknet.

Die andere Hälfte des Teiges in der gleichen Größe ausrollen. In Reihen mit je 2 cm Zwischenraum jeweils einen halben Teelöffel der Füllung auf die erste Teigplatte setzen. Das verquirlte Ei zwischen den Reihen verstreichen, so daß ein Gitter entsteht. Das zweite Rechteck vorsichtig auf das erste legen und die Füllung durch leichten Druck auf den Teig »versiegeln«, dabei die Füllung etwas flachdrücken, so daß kleine Päckchen enstehen. Mit einem scharfen Messer oder Teigrädchen zwischen den Reihen die Platte in quadratische Ravioli zerschneiden oder mit einem Förmchen Kreise ausstechen.

Die Ravioli zusammen mit einem Schuß Sonnenblumenöl in einen großen Topf mit kochendem Wasser gleiten lassen. 5 Minuten kochen, bis die Ravioli bißfest sind, dabei gelegentlich umrühren. Abschütten und etwas abkühlen lassen.

In der Zwischenzeit für die Sauce die Himbeeren mit dem Puderzucker in der Küchenmaschine oder im Mixer pürieren. Passieren, um die Kerne zu entfernen.

Saucenspiegel auf die Teller gießen, die Ravioli darauflegen und mit gehackten Pistazien, frischen Himbeeren und Minzeblättchen dekoriert servieren.

Braune Nudeln mit Schokosauce

Ein Traum für jeden Schokoladenfan – das muß man probiert haben!

ERGIBT 6 PORTIONEN

- 2/3 Rezept Nudelteig (siehe Seite 8) ohne Salz, statt dessen 25 g Kakaopulver und 25 g Puderzucker zum Mehl geben
- ein Schuß Sonnenblumenöl

FÜR DIE SAUCE:

- 175 g Bitterschokolade, in kleinen Stücken
- 150 ml Milch
- 2 EL heller Zuckersirup
- 25 g Butter

ZUM DEKORIEREN:

- frische Himbeeren
- Amaretti-Kekse

Den Nudelteig in Klarsichtfolie beiseite stellen. Alle Zutaten für die Sauce in einen kleinen Topf geben und bei geringer Hitze unter häufigem Rühren etwa 5 Minuten erhitzen, bis die Schokolade geschmolzen und die Masse glatt und glänzend geworden ist. Etwas abkühlen lassen.

Den Nudelteig dünn ausrollen und mit einem Förmchen von 5 cm Durchmesser (gerader oder gewellter Rand) Kreise ausstechen. Die Teigkreise in der Mitte zu Schleifen zusammendrücken. Die fertigen Nudeln auf ein Backblech mit Backpapier legen.

Die Nudeln zusammen mit etwas Sonnenblumenöl in reichlich Salzwasser 3 Minuten kochen, dabei gelegentlich umrühren. Abgießen und in den Topf zurückschütten.

Die Schokoladensauce über die Nudeln geben und vorsichtig unterheben.

Winterliches Kompott mit Nüdelchen

Probieren Sie dieses Kompott auch mal zum Frühstück. Man setzt es am Vortag an, danach hält es sich mehrere Tage im Kühlschrank. Wählen Sie selbst Ihre Lieblings-Dörrfrüchte dazu.

ERGIBT 4–6 PORTIONEN

100 g getrocknete Aprikosen

100 g getrocknete Apfelringe

100 g getrocknete Birnen

100 g getrocknete Feigen

50 g getrocknete Kirschen

4 Nelken

2 Pimentkörner

1 Zimtstange

abgeriebene Schale und Saft von 1 Orange

250 ml dünner Tee

150 ml Wasser

15 g brauner Rohrzucker

40 g beliebige kleine Nudeln

Das Dörrobst zusammen mit den Gewürzen, Orangenschale und -saft, Tee und Wasser in eine Schüssel geben. Zugedeckt über Nacht durchziehen lassen.

Am nächsten Tag das Kompott in einen Topf füllen, aufkochen und 15 Minuten köcheln lassen, falls erforderlich noch etwas Wasser dazugeben. Den Zucker und die Nudeln hineingeben und weitere 8–10 Minuten kochen, bis die Nudeln bißfest sind. Warm oder kalt servieren.

Zimtfettuccine mit Apfelsauce

Ein leckeres Herbstdessert, das mit Sahne serviert noch edler wirkt. In der Weihnachtszeit kann man Zimt durch Lebkuchengewürz ersetzen.

ERGIBT 6 PORTIONEN

- 2/3 Rezept Nudelteig (siehe Seite 8) ohne Salz, das Mehl mit 2 TL gemahlenem Zimt vermischen

FÜR DIE SAUCE:

- 450 g Tafeläpfel, geschält, ohne Kerngehäuse in Ringe geschnitten
- fein abgeriebene Schale von 1 Zitrone
- 1/2 TL gemahlener Zimt
- 3 EL plus 150 ml Wasser
- 25 g hellbrauner Rohrzucker
- 75 g Sultaninen
- 15 g plus etwas zusätzliche Butter
- 2 TL Marantastärke (ersatzweise Mondamin), mit 1 EL kaltem Wasser verrührt
- Mehl zum Bestäuben der Arbeitsfläche
- ein Schuß Sonnenblumenöl

Den Nudelteig in Klarsichtfolie einwickeln, damit er nicht austrocknet. Beiseite stellen.

Für die Sauce die Äpfel mit der Zitronenschale, Zimt und 3 EL Wasser in einen Topf geben und bei geringer Hitze kochen, bis die Äpfel weich sind. Die Hälfte der Apfelringe aus dem Topf nehmen und beiseite stellen, die übrigen in der Küchenmaschine oder im Mixer glattpürieren.

Das Apfelmus zurück in den Topf schütten und die Apfelringe, den Zucker, die Sultaninen, 15 g Butter, die Stärkepaste und 150 ml Wasser dazugeben. 5 Minuten unter ständigem Rühren kochen, bis die Masse andickt und Blasen wirft. Beiseite stellen.

Für die Fettuccine den Nudelteig auf einer bemehlten Arbeitsfläche sehr dünn ausrollen, mit Mehl bestäuben und aufrollen. Mit einem scharfen Messer die Rolle in 1/2 cm breite Streifen zerschneiden. Die Nudeln gleich wieder entrollen und auf einem bemehlten Backblech ausbreiten.

Salzwasser in einem großen Topf zum Kochen bringen und die Nudeln zusammen mit einem Schuß Sonnenblumenöl hineinschütten. Etwa 3 Minuten kochen, bis die Nudeln bißfest sind, dabei gelegentlich umrühren.

In der Zwischenzeit die Sauce erwärmen. Die Fettuccine abgießen und in etwas Butter schwenken. Die Sauce unterheben und auf vorgewärmten Tellern servieren.

TIP

Für besondere Gelegenheiten wird vor dem Servieren jeder Teller mit etwas Calvados oder Rum beträufelt.

Register